相信閱讀

Believing in Reading

財經企管 495

偉大經濟學家

Paul A. Samuelson

薩繆森

Samuelson

台灣大學名譽教授 施建生 著

偉大經濟學家

薩繆森

自序

　　1944 年夏，我初到哈佛大學（Harvard University）上學時有「美國凱恩斯」之稱的韓森（Alvin H. Hansen, 1887~1975）教授所開的當時極負盛名的「財經政策研討課」，那時已改稱「經濟分析與公共政策」，讀了他所著的 *Fiscal Policy and Business Cycles* (Norton, 1941)，其中有一章之後印了薩繆森（Paul A. Samuelson，1915~2009）所寫的論文，做為附錄。這是我第一次看到薩氏的名字，他那篇論文稱為「A Statistical Analysis of the Consumption Function」，閱讀之後甚為欽佩。後來知道他是韓森教授於 1938 年到哈佛任教的第一批學生之一，三年後得到博士學位，當時正在附近的麻省理工學院（Massachusetts Institute of Technology, MIT）任教。

　　到了 1950 年，我在台灣選擇教書為我終生的職業，先是在省立行政專科學校（即為今日台北大學的前身）與淡江英語專科學校（即為今日淡江大學的前身）各兼任一門課，後來前者就改聘我為專任教授。到了 1952 年國立台灣大學聘我為專任教授，教經濟政策與經濟學兩門課。當時台灣由於戰後復員不久，一切都極為簡陋，尤其是圖書雜誌方面更是貧乏，有文化沙漠之稱。有一天聞有一位友人隨手帶回一本薩繆森寫的《經濟學：初步的分析》（*Economics: An Introductory Analysis*）一書，我向他借來一閱，這是我第二次看到他的名字與作品。這次我對薩繆森的反應就不僅是欽佩而已，而且還有感激之情。因為他這本書告訴我，當年我在哈佛時親眼看到的那場轟轟烈烈的凱恩斯革命（Keynesian Revolution）是成功了。現代經濟學是完全更新了。這就使我能改進我的教法，結果甚獲學生之讚賞。我在台大的聲譽顯然是提高了。

　　後來張其昀先生主持的中華文化事業委員會，有國民基本知識叢書的出版，其中有一冊《經濟學講話》就邀我執筆。我就以薩氏的那本《經濟學》為基礎，

寫了一本規定以十二萬字為限的小冊子，這可以說是自凱恩斯革命以後第一本中文的經濟學著作。其中有些新的術語，如 macroeconomics 與 microeconomics 在英文中都是嶄新的，又如何譯為中文呢？這曾經消耗了我許多心血，終於意譯為「總體經濟學」與「個體經濟學」。近來，大陸方面自改革開放以後就將之譯為「宏觀經濟學」與「微觀經濟學」。我覺得這樣譯法也不錯。如果早在 1950 年代就有了，就可節省我許多心血。到了 1959 年我感到以十二萬字寫的《經濟學講話》是太簡略了，於是就將之擴大而改稱為《經濟學原理》。自薩繆森的《經濟學》出版以來，由於世界各國的反應都很熱烈，現已有四十多種文字的譯本，已成為世界的經濟學教科書。其他依照薩氏的寫作模式而仿製的亦屬不少，僅在美國就有十多種。我的《經濟學原理》也可以說是其中之一。

自此以後，我對薩氏的著述就非常留意。雖然他的作品常用許多數學來分析，而我自己的數學素養極為淺陋，但好在薩繆森對於每一種重要的主題之論述都附以圖表加以解釋，因而也就能知其梗概。現就將

我數十年來研習的心得做綜合的敘述，提供有興趣者參考，甚望能得到你們的指教。

最近在寫作過程中，一如往昔，國立台灣大學圖書館與中華經濟研究院圖書室都曾提供許多參考資料，甚為感激，特此誌謝。同時，天下遠見文化公司又續將之出版，使我感到十分欣幸，也是要向他們深致謝忱的。

施建生

2012 年 3 月 25 日　於台北

偉大經濟學家

薩繆森

Paul A. Samuelson

（1915～2009）

第一章　學術生涯的奠基時期

自從英國哲學家亞當·斯密（Adam Smith, 1723~1790）於 1776 年出版他的巨著《國富論》（*The Wealth of Nations*），將經濟研究做為一門獨立的學科以後，在這門學科的發展上，英國就一直居於世界上的主導地位。到了 1936 年凱恩斯（John Maynard Keynes, 1883~1946）出版他的巨著《就業、利息與貨幣的一般理　論》（*The General Theory of Employment, Interest, and Money*，簡稱《一般理論》）時，可謂已到了登峰造極的地步。但自從他於 1946 年逝世後，他所掀起的那場「凱恩斯革命」，就從發祥地英國劍橋（Cambridge, England）──凱恩斯所執教的劍橋大學，傳遞到位於美國劍橋（Cambridge, Massachusetts, U. S. A.）的哈佛大學，並即以該校為基地，將這場革命在美國轟轟烈烈地展開，其中的主將就是薩繆森。自此以後，經濟學發展的主導地位也就轉移到美國人手中了。

1969 年瑞典中央銀行為紀念其創立三百年而設立了諾貝爾經濟學獎，就於翌年將此獎頒贈給薩繆森。獎狀中這樣寫道：

「薩繆森教授廣泛的著述幾乎包括經濟理論的所有

內容，呈現出創建的重要的新理論、並求出其如何應用於現存問題的卓越能力。基於他許多貢獻，薩繆森對於提升經濟理論的科學分析水準，所完成的工作比當代所有其他經濟學家都要巨大。……他為主要經濟理論寫出了許多文章，其中有些已成為經濟學中的經典定理。」（注1）

　　現在我們所要瞭解的，是他如何成為這樣一位偉大的經濟學者，他的貢獻是怎樣的內容，他對今後經濟學的發展又將會發生何種影響。我將對這些問題陸續加以討論，本章先就他早年所接受的教育情形略加敘述。

一、少年時期

　　薩繆森於 1915 年 5 月 15 日出生於美國印第安納州蓋萊市（**Gary, Indiana**）。這是一個新開闢的煉鋼小城，大多數的居民都是由國外移民過來的工人。他父親是一位藥劑師，母親則為家庭主婦，他們的祖先都是從波蘭移民過來的猶太人。父親在蓋萊開了一家以

銷售藥物為主的雜貨店，這在美國稱為「藥局」（drug store），是各城市中普遍開設的便利商店。當時正在世界大戰期間，對於鋼鐵的需要非常迫切，所以工人都是每天工作 12 小時，每週工作 7 天，一有病痛通常無暇到醫院診治，都是到這種便利商店與藥劑師商詢有無藥品可以醫治。同時日常生活所需的物品亦都到這類商店購置，所以生意通常都很興隆，整個家庭可謂相當寬裕。薩繆森到了要接受初級教育時，進入當地的公立學校，由於秉賦聰敏，成績都很優良。

到了 1923 年，他 8 歲時全家遷到芝加哥（Chicago），住在芝加哥大學（University of Chicago）附近的海德公園（Hyde Park）地區，仍在當地開了一家便利商店。薩繆森與他的弟弟羅柏特（Robert）都進了海德公園中學（Hyde Park High School）。這時他遇到校中一位優秀的數學教師許斯密（Beulah Shoesmith）女士，她教學非常認真，許多學生後來都成為著名的學者。她終身未嫁，平時生活儉樸，很少更換衣飾，到了逝世時遺留 200 萬美元，贈送芝加哥大學。薩繆森有一次問他的弟弟她是怎樣辦到的，他弟弟說他也不知，但會

去找尋答案。後來他的弟弟告訴他，最好的答案是她有一位精明的經紀商。（注 2）

薩繆森說，當他在 1920 年代與 1930 年代於美國中西部成長時，他常有許多喜悅的回憶，雖然在他所住的地區少有猶太人居於其中，有時也會遇到一些歧視的問題，但由於他是生活於一群熱愛的親友之中，也就沒有感到受迫害的恐懼。同時由於他一向認為自己是一位優秀的學生，他說：「雖然當時一般人都會對你說他痛恨上學，我則自兒童時起就默默地喜歡上學，總是期盼 9 月的來臨。……我們兄弟三人都自認比我們的堂兄弟優秀，而他們則自認都比一般人優秀。」（注 3）這樣自然也不會有自卑感。等到要上大學時，他面對的問題也很簡單。他說：「在這些經濟大蕭條的簡樸歲月中，你進靠近你家的大學，或者上你父親唸過的大學。我的父親曾進藥學大學，他最後的願望是不希望他的三個孩子有人成為藥劑師。我想他已看到連鎖商店（chain store）將成為未來發展的趨勢，因此我就進入了芝加哥大學。」（注 4）

二、芝加哥大學時期

到了 1932 年 1 月 2 日，他進了芝加哥大學，那時他中學還沒有正式畢業。由於他沒有趕上這一年級的上一學期，錯過了這一年級必修的新訂經濟學課程，結果乃以另一門舊制中的經濟學以為替代。這門經濟學的老師是杜萊特（Aaron Director），他認為這位老師非常優秀，對他影響很大。他大學二年級原曾一度考慮以社會學為主修科，是這一位老師的指導使他決定要以經濟學研究做為畢生的職業。（注 5）

1932 年的確是開始研究經濟學的適切時候，因為當時美國經濟正陷於蕭條的深淵，許多優秀的學生就被吸引到這一問題的探討中來。例如薩繆森自己就這樣描述他當時的動機：「我去上第一堂的經濟學，是因為我希望能學到如何在證券市場中，不會像當時許多人那樣遭受破產的損害。但是我繼續讀下去，是為了要學到使我們這一代能避免發生像 1929~1935 年那樣艱困的經濟蕭條，以致當成千的銀行倒閉時，我在美國中西部的鄰居喪失了他們的儲蓄。」（注 6）

　　同時，薩繆森又說：「芝加哥是當時研習經濟學的好地方，因為它是古典經濟學的重鎮，這一學科的發展早在三十年前就於（英國）劍橋大學馬夏爾（Alfred Marshall）的著述中達於極致，經濟學自身就正如一位酣睡中的公主，正在等待凱恩斯的親吻，使她甦醒而重振活力。如果一位大學本科學生要想在這種情事發生以前消磨他的歲月，那麼，芝加哥比哈佛、哥倫比亞（Columbia）或者倫敦政治經濟學院（London School of Economics）都要好。」（注7）

　　「那時的芝加哥，奈特（Frank Knight）與范納（Jacob Viner）都正在盛年。舒爾滋（Henry Schultz）正積極在介紹新穎而神秘的經濟計量學。道格拉斯（Paul Douglas）與沙門斯（Henry Simons）則可滿足關心實際情況而想有所作為的青年的需要。」（注8）

　　至於上述他的經濟學啟蒙老師杜萊特，當時尚未獲得終身教授的名義，只是一位普通的教員。他的妹妹露絲（Rose）也在該校求學，後來嫁給她同班同學費利曼（Milton Friedman）。直到1946年沙門斯突然服用安眠藥過度而逝世後，才由杜氏接替其所

遺教職。他沒有一本出版的著作，他是一位自由至上主義（libertarianism）者，深信市場自由運作可以解決一切經濟問題，他反對壟斷甚力，對反托拉斯政策之推進貢獻甚大，對於後來芝加哥學派的成立也起了啟動的力量。（注 9）他在課堂上所用的教本是哈佛大學斯利特（Slichter）的《現代經濟社會》（*Modern Economic Society*），雖然他認為這不是一本很好的書。下一學季則由閔滋教授（Lloyd Mints）接手，改用了伊利（Richard Ely）的暢銷書《經濟學大綱》（*Outline of Economics*）。薩繆森認為杜萊特在該課中給他最好的禮物，是要他讀一本瑞典經濟學家卡塞爾（G. Cassel）的《社會經濟學理論》（*Theory of Social Economy*）。他說：「我在青春時期能跌跌撞撞地進入一種我完全有興趣，且有特別資質去研究的學科，這是如何意想不到的幸運！」（注 10）

接著他又說：「但是對我的思想影響最大的是沙門斯、奈特與范納。我可能是因為 1935 年以前在芝加哥上過比任何人都要多的不同的課程，當我於 1935 年進入哈佛大學研究院時，無疑地是準備得過多了。我同

時也負載著對奈特過分欽佩的包袱，一直到後來逐漸
消失為止。

　　那時奈特告訴我們最好的見解是賽伊法則（Say's
law）與市場貨物全部銷盡的情形，在罕見的蕭條時期
之不存在是短暫的。在大多數正常的情況時，就會珍
奇地回來，到了那時，我們也許可以永久愉快地生活
下去了。同時，他認為現在要決定的唯一的選擇，是
共產主義還是法西斯主義，以他自己論，他是不會選
後者的。但後來當他的頭腦清醒過來時，他改變了這
種說詞，是可以理解的。在我的文件卷宗中，還可找
到他那悲觀講述的原文。」（注 11）

　　至於范納，薩繆森認為是「一位偉大的經濟學
家，也許是 1931 年全球最有學問的人。」（注 12）當
薩繆森在芝加哥大學求學期間，范納常在華府聯邦政
府財政部擔任顧問工作，所以不常能見到，但其中
一門研究生必修的經濟理論的課，由他與奈特兩位輪
流教導。1935 年正輪到范納擔任，當時薩繆森只是
大學本科四年級生，非經特許是不能上的。他那時正
好上過道格拉斯的「馬夏爾經濟學」一課，成績極為

優異，深為道格拉斯所嘉賞，薩繆森乃請他向范納推介而獲得同意，這樣薩氏就上了范納這門課。這是一門非常不易過關的課，范納教導態度極為嚴格，據說每個學生只要三次沒有正確解答他所提出的問題就會被淘汰，每年通常有 1/3 的學生不能通過。（注13）當時班上有 35 位學生，其中有卜朗柏納（Martin Bronfenbrenner），現可引他的回憶來描述薩繆森在班上的表演。

卜朗柏納說：「他是一位 19 歲的大學本科四年級學生，他所懂得的經濟學卻比任何一位新進來的研究生都要多。……謠傳在他得到學士學位以前，已經能夠通過那一非常可怕的、獲得博士學位前必須經過的筆試。……這些年來，新進芝加哥的經濟學家在嚴厲的范納面前都會感到懼怕。……使我感到驚異的，是薩繆森面對范納時所持的孟浪態度。當我們大多數學生聽到下課鈴聲急忙地逃出教室時，薩繆森卻走到可怕的范納面前，很有禮貌且堅定地對他說：『范納教授，在今天的講述中我認為有下列的錯誤。』大多數都是數學上的，因為薩繆森的數學比范納好。」（注14）

　　這一故事後來一直傳下去，使薩繆森感到非常抱歉，他後來一再表示，范納的那門課是他那一時代最好的經濟理論的課。范納是哈佛大學權威教授陶錫克（Frank Taussig）的學生，當時陶氏根本就沒有教他任何數學。如果他當時在哈佛能得到適切的數學訓練，他可以成為一流的數理經濟學家。（注 15）實際上，當時范納所犯的錯，只是他在黑板上畫的圖中兩線交點畫錯了，這只是一小錯誤，完全無損於范氏學識的淵博與分析的銳利。（注 16）

　　由此也可看出，當時芝加哥大學讓優秀的大學本科學生去上研究所的課，是一種很好的制度。薩繆森就因此結識了許多研究生，其中有許多傑出的人物，如斯蒂格勒（George Stigler）、費利曼、華萊士（Allen Wallis）、赫特（Albert Hart）等。費利曼後來轉到哥倫比亞獲得博士學位，他與斯蒂格勒都先後獲得諾貝爾經濟學獎，後來也都先後回到芝加哥大學執教。

　　基於以上之所述，薩繆森在芝加哥獲益良多甚感愉快，照其原意是要在 1935 年大學本科畢業後繼續唸下去，以完成博士學位的學業。但是事實的發展卻

不是如此，他於畢業後就離開了。這是什麼原故呢？
情形是如此：「美國社會科學研究會」（Social Science
Research Council）在 1935 年推行一種試驗性的新教育
計畫，決定要在全國選擇八名優秀的經濟學大學本科
畢業生，給予全額獎學金，使他們能再於研究所攻讀
數年。薩繆森中選了，但其中還有一項規定，就是不
能在原校繼續攻讀，這樣就使他不得不離開他喜愛的
芝加哥大學。

三、哈佛大學時期

芝加哥大學既然不能繼續讀下去，那麼今後究竟
要到何處去深造呢？到國外嗎？他不願，這樣就只有
在國內尋找。那時與芝加哥聲譽相近的只有哥倫比亞大
學與哈佛大學兩校。他大多數的師長與同學都勸他進
哥倫比亞，其中最有說服性的理由是，如果不到哥倫
比亞，就不能向當時名師郝泰林（Harold Hotelling）學
習現代統計學。但他最後還是決定進哈佛，主要的理
由有二：第一、他的老師閔滋說哈佛的威廉慕士（John

H. Williams）是一位很好的教授。同時，他看過秦伯林
（Edward Chamberlin）著的《壟斷性競爭的理論》（*The Theory of Monopolistic Competition*），覺得很不錯。第二、他最後是取決於非學術性的理由，他說：「我要去看那校園內長滿了的綠油油的長春藤。」「幸運之神陪伴著我，哈佛正是未來六年最好的居留地。」（注 17）

　　「哈佛的經濟學系，正經過一段休耕時期的沉睡而甦醒過來。新的歐洲的血液——熊彼德（Joseph A. Schumpeter）、李昂節夫（Leontief）、哈勃勒（Habeler）——加上就要來的『美國凱恩斯』韓森，正開始使哈佛成為高級經濟研究的聖地，而也許與數理經濟學的著述最有直接關係的著名數學家威爾森（Edwin Bidwell Wilson）也在哈佛。」（注 18）「這樣就將我湧上現代經濟學正在興起的三股巨浪的源頭。這三股巨浪就是凱恩斯革命、壟斷性或不完全競爭革命，以及運用數學與計量經濟學的方法，使經濟現實的分析能獲得明確理解的革命。」（注 19）換言之，這正是哈佛經濟學的黃金時代。「對於一個有分析能力，能夠洞察數學是研究經濟學的一把利劍的人，經濟學正是他在 1935 年後可

以用武的園地。」（注 20）

　寫到這裡必須說明的是，薩繆森當初是以美國社會科學研究會的獎學金而來到哈佛，1937 年該項獎學金即將期滿。這時他就被該校的「研究人員勵進社」（Society of Fellows）聘為初級研究員。該社是曾任到 1933 年的校長羅威爾（Abbott Lawrence Lowell）為改進美國各校平庸的博士學位制度而創設的，給每位研究員優裕的獎助金，各人都可選修自己最有興趣之學科，但不得在三年內撰寫博士論文。該會成員都是學術造詣優異的學人，過去從沒有一位經濟學家被選入，所以這對薩繆森是一項極大的榮譽。

　而關於上述的三股巨浪，薩繆森對於壟斷性競爭的理論只是加深其研究而已，沒有多大的貢獻，對於另兩股巨浪則貢獻良多，現可略加敘述。先論凱恩斯革命，當凱氏於 1936 年發表其《一般理論》時，是薩繆森到哈佛的第二年，韓森教授準備根據美國情況對之加以詮釋。薩氏將之精讀以後，認為他有能力瞭解，可對其要義有所領悟而加以發揮。他說：「我總認為做為一位經濟學家能在 1936 年前誕生，並曾接受

過古典經濟學徹底的訓練，是一種無價的利益。要現
代學生體識凱恩斯革命對於我們這一群在傳統中長大
的人所發生的全部影響，是相當不可能的。……一位
經濟學家能在 1936 年以前誕生是一種恩賜，但不能太
久以前。」（注 21）兩年後他在韓森教授協助下，寫
出了「Interactions between the Multiplier Analysis and the
Principle of Acceleration」，這是他第一篇有關總體理論
的論文，被視為對凱恩斯思想的重要貢獻。

　　其次，談到他對數理經濟學的貢獻，則須說明
當時哈佛對於這門課程的講述情形。當時只有兩門一
學期的這方面的課：一為李昂節夫為大學本科生所開
的，另一為威爾森為研究生所開的。威爾森是公共衛
生學院的教授，他是在耶魯大學任教的偉大熱力學家
（Thermodynamicist）吉伯斯（Willard Gibbs）的唯一弟
子，是一位數學家、數理物理學家、數理統計學家，
一位在許多自然科學與社會科學各部門都有第一流著
作的博學家。薩繆森說：「我也許是他唯一的門徒：在
1935~1936 年間，卜格森（Abram Bergson）、亞歷山大
（Sidney Alexander）、熊彼德與我是唯一的學生，我們

的年齡是 21、19、52 與 20。」（注 22）。

除了以上兩門課程外，據卜格森的記載，還有一門非正式的、教授與學生共同參加的經濟理論研討課，該課也討論數學技術的應用，不定期舉行，教授中有熊彼德、李昂節夫與哈勃勒前來參加，其他教授大都不重視數理經濟學。他還說薩繆森對他不但在經濟學上有所影響，而且也影響他的個人生活，因為薩繆森在 1938 年 7 月與他的同學柯洛福（Marion Crawford）結婚了，使他也決定在那時提前結婚。（注 23）柯洛福也是經濟學系的研究生，當時哈佛名義上不收女學生，實際上則有另一女子學校 Radcliffe 設在旁邊，到哈佛與男生共同上課，現在這一女校已併入哈佛。柯洛福於 1980 年逝世，生了六個子女，其中三位男兒是三胞胎。也有一位是經濟學家，名威廉（William），現在波士頓大學擔任教授，教管理經濟學。順便也可一提的，是薩繆森的弟弟羅柏特，後改姓 Summers，也是經濟學家，在費城賓雪凡尼亞大學（University of Pennsylvania）任教。他的兒子 Larry 也是經濟學家，在哈佛大學任教，後來擔任校長，並

在華府任財政部長，自 2008 年起擔任新總統歐巴馬（Barack Obama）的最高經濟顧問，到 2010 年辭職，回任哈佛大學教授。而薩繆森後來續絃，夫人名蕾莎（Risha），為一畫家。

到了 1940 年中期，薩繆森在「研究人員勵進社」三年內不得撰寫博士論文的限制已告解除，他的「初級研究員」的同事都沒有再求獲博士學位的願望，他們在哈佛的地位也並沒有因而受到任何影響。但他的新教徒的太太與他自己則決定採取穩健的辦法，還是設法得一個博士學位。於是自 1940 年中到 1941 年 1 月，他盡速將這三年來所發表的論文加以濃縮與重編而完成。在這一過程中，他的夫人也幫了很多忙，不但所有的打字工作都由她承擔，而且有許多地方都是薩繆森口述而由她打成文詞，實際上其中有許多見解都是她提供的，所以後來當這篇論文以《經濟分析的基礎》（*Foundations of Economic Analysis*）出版時，即在序文中提出她實為這一書的共同作者。同時，這篇論文實際上大部分也是在他當初級研究員時寫成的。他因而獲得博士學位，並獲得該校新近設立獎勵最佳

論文的「威爾斯獎」（David A. Wells Prize），由哈佛大學出版部將之刊行。

　　薩繆森結束了在哈佛大學接受教育的時期，同時被哈佛校方聘為經濟學系的教員（instructor），並兼歷史政治學與經濟學部門的導師，但一個月後附近的麻省理工學院要聘他為經濟學助理教授，「當我發覺我的系並不因我的離去而感到無法補償時，」薩繆森說：「我就接受這一邀請。」（注 24）「1940 年 10 月間一個明朗的天，一位榮譽退休的言行使人難堪的人，就收拾好他的鉛筆，遷移到查爾斯河下流三英里的地方，他以後在那個地方就一直很快樂下去。」（注 25）

　　但是，值得欣慰的，哈佛仍在旁邊，這樣薩繆森仍可不時前往向其老師請教，或與同學切磋。的確，「在聰穎的素質上，當代哈佛的研究生是可以與其老師們媲美的。莫斯格雷夫（Richard Musgrave）、司多卜（Wolfgang Stolper）、卜格森、平恩（Joe Bain）、梅茲勒（Lloyd Metzler）、高德文（Richard Goodwin）、屈萊芬（Robert Triffin）、杜賓（James Tobin）、蘇羅（Robert Solow），他們都是我的夥伴，都成為

1950~2000 年間世界經濟學之新疆域上的明星。是的，
哈佛造就了我們，但是正如我寫述了許多次，我們也
造就了哈佛。」（注 26）

———————————◆◇◆———————————

注 1： *Swedish Journal of Economics*, vol.72, no.4, December 1970,
p.341。

注 2： Leonard Silk, *The Economists*, Basic Book, Inc, New York,
1976, pp.6~7。

注 3： Paul A. Samuelson, "Economics in a Golden Age: A Personal
Memoir"，以後簡稱 "Memoir"，重印於 *The Collected
Scientific Papers of Paul A. Samuelson*, vol. 4, The MIT
Press, Cambridge, Mass, US, 1979，此書以後簡稱 *CSP*，
此處係引自 *CSP*,vol. 4, pp.884~885。

注 4： 同注 2 書，p.7。

注 5： 同注 3 書，vol. 4, p.886。

注 6： Paul A. Samuelson and William D. Nordhaus, *Economics*,

17th edition, McGraw-Hill, Inc., New York, 1995, p.xxx。

注 7： 同注 3 書，vol. IV, pp.885~886。

注 8： 同上注書，p.886。

注 9： George J. Stigler, *Memoirs of an Unregulated Economist*, Basic Books, Inc., New York, 1988, p.148, p.158。

注 10 Paul A. Samuelson and William A. Barnett, ed, *Inside the Economist's Mind*, Blackwell Publishing Ltd., Oxford, England, 2007, p.153。

注 11： 同上注書，p.154。

注 12： 同上注。

注 13： Paul A. Samuelson, "Jacob Viner", 1892~1970, in *CSP*, Vol. 4, pp.908~909。

注 14： Martin Bronfenbrenner, "On the Superlative in Samuelson", in *Samuelson and Neoclassical Economics*, ed. by George R. Feiwel, Kluwer Nijhoff Publishing, Boston, MA, USA, 1982, pp.347~348。

注 15： 同注 10 書，p.154。

注 16： 同注 3 書，p.911。

注 17： 同上注書，p.888。

注 18： Paul A. Samuelson, "How Foundations Came to Be", *Journal of Economic Literature*, Sept. 1998, p.1376。

注 19： 同注 3 書，p.890。

注 20： 同上注書，p.886。

注 21： Paul A. Samuelson, "The General Theory", *CSP*, vol. 2, p.1517。

注 22： 同注 18 書，p.1376

注 23： Abram Bergson, "Paul A. Samuelson, The Harvard Days", in *Samuelson and Neoclassical Economics*, ed. by George R. Feiwel, Kluwer Nijhoff Publishing, Boston, MA, USA, 1982, p.334。

注 24： 同注 3 書，p.890。

注 25： 同上注書，p.890。

注 26： Paul A. Samuelson, "How I Became an Economist", Nobel Foundation, available at http://nobelprize.org/nobel_prizes/economics/laureates/1970/samuelson-article2.html。

第二章　學術生涯的展開

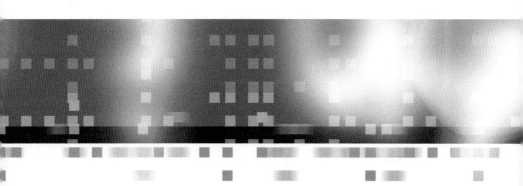

一、不能在哈佛任教的原困

薩繆森曾這樣寫道:「如果薩繆森在進芝加哥大學一年級時是以一個孩子的身分誕生了,那麼,當 1940 年 10 月在他接受麻省理工學院聘約的那一天,就以一個成人的身分再誕生了一次。……對薩繆森來說,這是他一生中所發生的最好的事。一個孩子居留在他父親的房子裡,終究永遠是一個孩子,他在自己的土地上就能蓋起自己的房子。」(注 1)

儘管他如此說,當時經濟學界許多人士卻表示這件事的發生非常不可思議,因為薩氏在博士學位完成前就已寫出了幾篇非常卓越的論文,早就有學術界神童的聲譽,嗣後寫成的博士論文又獲得哈佛大學每年頒贈之最佳論文「威爾斯獎」,而且在此數年前已被哈佛聘為「研究人員勵進社」初級研究員,其學術地位已超過一般博士學位持有者。以他這樣輝煌的成就,何以當時哈佛不能逕以助理教授聘請,而僅委以普通教員的位置?這自然就引起許多揣測,其中最普通的一種,是由於薩繆森具有猶太人的背景,而哈佛就有

相當的反猶偏見。這種傳說一直流行下來，到了 2002
年，美國肯薩斯大學教授巴納特（William A. Barnett）
還在其對薩繆森作專訪時直接問過薩氏本人。巴納
特告訴薩繆森，義大利裔的教授莫迪利安尼（Franco
Modigliani）早年試圖在哈佛謀一教職時，就受到該校
經濟學系主任的阻撓，莫氏認為這位主任是反猶與排
外的。巴納特問薩繆森，他當時之所以不能獲得哈佛
終身教員的聘請，是否也是由於同樣的原因？

　　薩繆森這樣答：「反猶主義在第二次世界大戰
以前，在學術界是普遍存在的，不論是在國內，還
是在國外。所以我那『白種安格魯撒克遜新教徒』
（WASP─White Anglo-Saxon Protestant）的夫人與我自
然也都知道，這與我在哈佛的事業發展會是一個有關
的因素。但是到了 1940 年，潮流正在改變中。也許在
我的個性中有了太多的⋯⋯傲慢，使我不會逢迎那些
不以學術成績來決定授予終身任期的人。」（注 2）從
這段話中可知，薩氏也認為反猶是當時他不能獲得一
個終身職位的原因。但哈佛也仍有猶太裔的教授，何
以薩氏就會因此而不能在哈佛長期任教呢？他說的上

一段話中也承認自己個性有點傲慢，不會逢迎那些不重視學術成績的人，這裡他所意指的就是當時的經濟學系主任彭北克（Harold Burbank）。實際上，當他到哈佛第一次去拜訪這位主任時就直率地表示：「我第一不想選讀格萊（E. F. Gay）著名的（但貧乏枯燥的）經濟史，而要選秦伯林為研究所二年級開的課（秦氏是當時壟斷性競爭革命的主導者）以為替代。第二想要吸收哈佛的精華，因為第二年很可能不想在哈佛讀下去了。第三，現在還沒有預先向哈佛申請想要進來從事研究所的進修，原因很簡單，現在的學生如果想要念研究所的話，隨處都可以獲得入學許可，何況是一位社會科學研究會所獎助的學員。這自然不是立即討人喜悅的話。但是，完全沒有關係，因為彭北克在學術生活上所讚許的意態，都是我所輕蔑厭惡的。」（注3）這樣這一長期受到關注的問題，也就得到正確的答案了。哈佛的反猶是一個因素，但薩繆森又說這種理由是太簡單了。他自己說就是由於 MIT 給他的聘約比較優惠。同時，他又說：「使我的離情感到比較舒暢的是，沒有人，更不是我自己，會認為我不能在經濟

理論獲一教席，是因為我不夠資格。」（注4）不過，
話雖如此，據當時哈佛教授梅森（E. S. Mason）後來
回憶，當時經濟學系許多同仁為使他仍能留在哈佛，
曾建議改聘他為助理教授，但投反對票的也不少，以
致這一建議不能通過。（注5）後來哈佛在 1950 年代
與 1960 年代之間，至少有兩次要請他回去，但是他經
過「成本與效益分析」後，還是決定留在 MIT。從此
以後，就如艾克斯坦（Otto Eckstein）在 1979 年所說：
「哈佛就喪失了這一代最出色的經濟學家了。」（注6）
現在我們就看看他如何在 MIT 渡過其美滿人生中最璀
璨的一段。

二、在 MIT 辛勤的耕耘

　　我們知道，MIT 是 19 世紀以來世界上最著名的
一間專門研究理工學科的大學，培育出許多有卓越貢
獻的工程師與科學家。其中的經濟學系是完全配合理
工教育的需要而設立的，所以，這是一個為其他各系
服務的學系，並不是一個謀求經濟科學本身發展的獨

立學系。但到了 1930 年代中期以後，就想將其教學的
領域加以擴伸，且有設立研究部的意圖，卻一直苦於
不能找到適當的學人主持，以致始終無法推行。正於
此時，他們聽到薩繆森最近在哈佛所遭遇到的情形，
就想設法將他爭取過來。於是對他提出助理教授的聘
約，結果終獲其首肯。這樣看來，薩繆森轉移到 MIT
不僅如他自己所說是很幸運的，因為這樣他不但得到
了一個自己可以開闢的新天地，而且還鄰近哈佛，仍
可以享受哈佛所能提供的各種利益。他曾如此說：「我
的工作工具僅僅是紙張與筆墨，飛機上的一個艙位所
能提供的研究環境，並不亞於圖書館中的一間研究
室。這是指創造性的分析工作而言。在另一方面，如
要明瞭什麼是須待完成的重要工作，則須能看到各種
圖書與學術期刊。就此而言，我實在非常幸運，……
因為鄰近的哈佛圖書館一定都能提供。很少學者可以
遠離經濟思想中心，僅憑自己手中的紙張與筆墨而能
夠成功的。」（注 7）現在看來，不但如此，對 MIT
而言也是幸運的。它有了薩氏以後，它的經濟學系才
能擴展，到今天已成為世界上這一學科頂尖的學府之

一。現在讓我們看看他又如何辛勤耕耘以致有此成績。

　　他在接聘以後，就從 1941~1942 年起推動「產業經濟學」（industrial economics）的博士學位研習計畫。當初之所以在經濟學之前加上「產業」兩字，完全是為了配合整個 MIT 的氣氛與環境，但不久以後就取消了。初期所收學生名額有限，但給與的獎學金則相當充裕。那時招到的學生有兩名後來都極有成就，一位是克萊因（Lawrence R. Klein），後來獲諾貝爾經濟學獎，另一位是舒滋（George Shultz），後來曾任芝加哥大學商學院院長，以及在共和黨執政的聯邦政府中任勞工部長與國務卿等要職。但不久美國參與第二次世界大戰，學生減少了，教授中亦有參與軍事或國防工作者，這就使這一新興的研習計畫無形中陷於停頓狀況。這一計畫之得以推行，就仰賴薩繆森的大力推動，當時他一人就開過下列課程：兩學期的個體經濟理論、數理經濟學、經濟景氣循環、高級經濟統計與財政等。當他於 1943~1945 年參加 MIT「熱能放射實驗所」（Radiation Laboratory）後，這一研習計畫可以說全部暫停運行了。

到了戰爭結束後，大學生與研究生的湧入與回流，引起大學的擴張時期。戰爭對學術界所肇致的分散與分裂，創造了戰後的大移動。許多學術界人士轉換了學術位置，許多其他人士留在政府中服務。在這種流動狀態中，精明的聘僱就改變整個學系的人員。哈佛與芝加哥在戰前所擁有的巨大傳統勢力，已受到許多有明星教授的學校的挑戰，例如 MIT 有薩繆森、耶魯有杜賓、史丹福有艾羅（Kenneth J. Arrow），而芝加哥也有費利曼的參與而得重振。在開始的時期，MIT 的經濟研究所在品質上雖不及他校，但薩繆森是一位有強大吸引力的人物，在短短十年間就延聘艾德曼（Morris Adelman）、白朗（Cary Brown）、金特北格（Charles Kindleberger）、米勒甘（Max Millikan）、舒滋與蘇羅。就是這群人決定了未來二十年 MIT 經濟學的特質，後來又有羅森司坦羅旦（Paul Rosenstein-Rodan）與韓肯（Everett Hagen）的參加，陣容就更為堅強了。（注 8）

薩繆森在創辦了 MIT 的經濟學研究所後，他最關心的是這一機構的發展方向與品質。他在這方面的籌

畫甚為用力，樂於與同仁時相商洽與討論，同時他仍
不忘自己所要完成的研究工作。到了 1947 年，他那部
曾於 1941 年獲哈佛頒贈威爾斯獎的博士論文《經濟分
析的基礎》，因戰時關係而被擱置的著述，終由哈佛
大學出版部出版。接著就在這一年，被美國經濟學會
頒贈正在該年開始頒贈的「克拉克獎章」（John Bates
Clark Medal），這項獎章是以 40 歲以下具有學術潛力
的人士為對象，而薩氏當時只有 32 歲。同時也在這一
年，薩氏在 MIT 的教職也由 1944 年升為副教授，進而
升為正教授，這一職位在過去非年逾 45 歲沒有擔任的
可能。（注 9）

　　翌年芝加哥大學就想要薩繆森回到芝加哥，當時
的經濟學系主任許爾茲（Theodore Schultz）對他說：
「我們將會有兩位哲學思想相異的領導人物 —— 你與費
利曼 —— 這將會有豐碩的結果。」薩繆森當時是允諾
了，但隔了 24 小時思想就改變了。（注 10）他告訴許
爾茲教授，「這將會使我極端化，會使我激烈化到一種
我不想到達的程度。」他怕他自己原是要反對一些在
腦海中認為過分右派的想法，而結果卻表達出一些過

分左派的論調。這不是他的原意，是他不願意的。簡單地說，薩繆森自認自己非右派，亦非左派，而是居於兩者之間的均衡派。（注 11）自此以後，一位學人在像 MIT 這樣從事經濟研究的新園地，自會從世界各地寫來許多邀約，薩繆森則顯示出一種永不移動的偏好。（注 12）因為正如他在 1961 年美國經濟學會所做的「會長致詞」中所說：「在長期間，經濟學家只會為值得贏得的錢財而做 —— 這就是我們自己的讚賞。」（注 13）

於是在 1948 年出版了第一部以解釋凱恩斯理論為主的教科書，稱為《經濟學 —— 初步的分析》。結果極為成功，已被譯為 40 多種文字，出了 19 版，暢銷了 400 萬冊。到 1958 年又與陶夫曼（Robert Dorfman）與蘇羅合著《線性規劃與經濟分析》（*Linear Programming and Economic Analysis*）。除了以上三部專著外，還寫了數百篇論文，這些論文已於 1966 年開始以《薩繆森科學論文集》（*The Collected Scientific Papers of Paul A. Samuelson*，簡稱 *CSP*）陸續出版，所涉及的範圍甚廣，包括經濟學的全部內容。由於日前經濟學中之分工日益

細密，很少人能瞭解其全貌，所以有時他常自稱為經濟學界中的最後一位通才。（注 14）到 1985 年止已出版了五卷。至於 1986~2009 年間所寫的論文則準備日後分以第六與第七卷出版之。

亦在 1966 年，薩繆森在 MIT 的地位已被升為最高階層，這就是「學院教授」（institute professor），這是該校教授所能得的最高榮譽。一旦教授有了這一名義以後，他已無固定授課與指導責任，完全可以從事自己所喜愛的研究。但薩繆森則不然，其所授課程與論文指導都不減少，只是到了 1980 年以後，減為半數，可見其責任心的濃厚。其所教的課非常繁多，如經濟學導論、高級經濟理論，包括總體的與個體的，國際經濟學、財政學與財政政策，經濟循環與貨幣學，有時甚至統計學。（注 15）

到了 1969 年，瑞典中央銀行為了紀念其成立 300 週年，乃特創立諾貝爾經濟學獎，第一屆贈予挪威費利盧（Ragnar Frisch）與荷蘭丁勃根（Jan Tinbergen），第二屆於 1970 年贈予薩繆森，為美國獲獎的第一人。有人問他得到了諾貝爾經濟學獎感到愉快嗎？他

想了一下答道:「是感到愉快,人生很少會獲得一些不會減少愉快的事物,但這確是一件。」為了更多的人能享受這種不減的樂趣,薩繆森更不斷辛勤地耕耘自己建立的園地,結果 MIT 繼他之後,而獲得這種殊榮的教授就有下列五位:蘇羅(1987)、克魯曼(Paul Krugman, 2008)、莫迪利安尼(1985)、默爾頓(Robert C. Merton, 1997)與斯蒂格利滋(Joseph E. Stiglitz, 2001)等,畢業同學中獲有此殊榮者也有克萊因、默爾頓、斯蒂格利滋、艾克洛夫(George A. Akerlof, 2001)及鮮林(Thomas Schelling, 2005)等五位。

在學術上贏得桂冠後,自然更增加他們在社會上與政治上的號召力,這在薩繆森身上早已擁有許多亮麗的名號,而且他常認為自己這一輩子都是待遇偏高而工作則偏低,對於身外之物早已無求,唯一希望獲得的是同仁的讚許 —— 學術上的自尊。儘管他在政治上的交往甚廣,但都限於意見的交換,對於實際的地位則毫無興趣。所以,當 1961 年甘迺迪(John F. Kennedy)請他擔任其府中的「經濟顧問委員會」

（Council of Economic Advisers）中的職位時，他則委婉推辭。但不參加實際政治，並不表示不參加經濟政策的討論。唯其如此，1967 年到 1981 年止他就與費利曼在《新聞週刊》（*Newsweek*），每週分別撰寫專欄一篇。（注 16）到了 1991 年 MIT 為表示對他的崇敬，乃設立了「薩繆森經濟講座教授（Paul A. Samuelson Professor in Economics）」一席，這樣我們就可結束對他在 MIT 辛勤耕耘，以建立他自己家園的簡略情況的描述。

三、政治活動的插曲

寫到這裡，我們不妨將薩繆森在此時期參加政治的活動略加敘述，他是在 1950 年代開始接觸美國政治。他常到美國國會之討論當前經濟問題的委員會中作證。在 1955 年的一次聽證會中他堅持自己的觀點，認為「運用適當的財政與貨幣政策，我們的經濟能夠達成充分就業以及不論多大的資本形成或與它所要達到的成長。」（注 17）他在結束他的證詞時忍不住用了

一個方程式，並說「我不能憶起在國會聽證委員會的證詞中曾有用數理經濟學的，這種觀念可以下列一個簡單方程式的證明而告中止⋯⋯，」接著他就提出一個國民所得決定的方程式表達之。（注 18）

　　薩繆森是為了要達成一種目的而使用數學的，這就是要非常清楚的傳輸一個訊息，總體經濟學發展到凱恩斯之後的時期已進步到這樣一種程度，經濟活動的推行已可確保在資本主義制度中能達到充分就業與經濟成長。只要政治上通過正常的程序對於經濟活動所望達到的水準一旦有所決定，經濟學就能使之成為事實。

　　薩繆森殷切地渴望政府對經濟成長問題多加注意，充分就業所達成的並不保證經濟的成長。今天的國民生產毛額可能達到的生產數量是所有工作的尋求者就業以後所能製成的產量。但是他們對能製成的產量（國民生產毛額）大部分是他們所能運用之資本財，也就是機器與工具的函數。如果將來能有更多的資本財的製成，經濟社會中每個工作者的平均產量就能增加，因而生活水準也會提高。薩繆森認為政府能

決定資本財之生產的增長，因而也能決定產量與就業
的增長。問題是不論在任何時期充分就業所能生產的
財物數量是固定的。因此，我們必須注意這塊製成的
經濟大餅不要讓消費財占去了一大片，以致為資本財
所剩下的就減少了。

在一個由需要所驅使的經濟社會中，要達成從
消費者之物品的製造轉移為生產者之物品的製造，唯
一的方法是限制消費者使他們不能對物品之需要的過
度。這除了消費者多事儲蓄來勵行節儉外，他認為還
可從事公共節儉。他在 1962 年的一篇文章中曾這樣寫
道：「六年來我一直在宣示一種理論，這就是一個混
合的企業經濟社會能夠利用公共節儉來提高資本形成
率，因而也提高了潛在的國民生產毛額的增長率。正
如人民每天要決定在市場購買多少消費的與非消費的
物品，多少債券與儲蓄存款以及多少股票那樣，他們
也可能會自動地聚集在政治投票場所決定要由政府達
成多少資本形成的增加率。在這裡我所意想的不僅是
人民可以票決的耐久性的水壩，校舍建築以及其他有
形的社會資本，儘管這些建設本身是切需的，也是經

濟成長所切需的。我的意思是我們可以共同民主地票決在我們充分就業之產量中屬於資本形成的物品要多一些，而屬於消費的物品則少一些。」（注 19）

薩繆森的構想是要號召人民的政治代表來推進一種擴張性的貨幣政策與緊縮性的財政政策相結合的議程。這種意念是「聯邦準備局」（美國的中央銀行）應該推行一種寬鬆的貨幣政策達到能使利率維持一個低的水準。對於借款的資金所要的利率愈低，借款的企業就可能會借得愈多，愈會將之使用於資本財的製造。這種對資本財之支出的增加，再加上消費者的支出就會造成對貨物之需要的增加超過了當時所能生產之物品的數量，這就會造成通貨膨脹。為了避免這種由需要所引起的膨脹，政府就應該插手提高稅率，以減少消費的支出。

薩繆森這種構想的建立要具備三個必須的條件：第一，一般大眾必須對經濟情況有足夠的體識，其中大多數人能瞭解經濟成長的重要性，並瞭解如何能造成的方法，這樣才能選出適當的政治人物來促成其實現。第二，政治人物必須有足夠經濟知識，能夠提出

適當的立法方案。第三，經濟學家必須對在任何預定
的期間所須貫徹各種技術性的問題之解決提供切實可
行的建議，以利政策的實施。

這一構想也說明了薩繆森是如何的運用他大部
分的專業精力。他主要的工作是全心致志地用來從事
增進經濟理論能沿凱恩斯所開闢的關於經濟穩定與經
濟成長之賢明決定的途徑而向前發展。他之願意擔任
政治候選人的顧問與到華府作證以便對這群政治上有
力量的人從事教育可以說是為了要使這種思想能在幕
後產生影響所必需的，不是一種純粹的免費服務。同
時，為一般人提供經濟知識，使他們能對經濟問題有
所感覺就是薩繆森之所以要撰寫他的經濟學教科書以
及為供一般大眾閱讀的刊物撰寫文章的強烈的基本理
由。在他的專業生涯中，每在為學術期刊撰寫論文之
後，隨著就會寫出一系列討論當前經濟問題的文章以
為配合。這就顯示出他與大多數經濟學術界人士所不
同的地方，後者都只為學術期刊撰寫論文的。

薩繆森感到這些為一般大眾服務的工作是重要
的，甚至就是不能獲得任何學術上的聲望也是應該做

的。不過，他也充分瞭解一個專題按照專業內部人士的觀點，用他們的邏輯來分析它的發展是與一般供大眾瞭解其意義的文章不同的，因而他更進一步地這樣寫：「在學術職務上之永久任期的聘約沒有到達以前，你最好不要為一般供大眾閱讀的刊物……撰寫文章，否則就會使人認為太膚淺了。」（注 20）

　　這種在一般通俗性的期刊上發表對於當前經濟問題提出意見的文章的意願是基於他對凱恩斯經濟理論之能夠保持活力永遠不衰的信心。薩繆森在一篇稱為〈經濟學家知道些什麼〉的文章中曾對經濟學家之學養保持樂觀的態度，對於他們之提出意見以消除經濟不斷衰退的能力毫不懷疑。他不認為經濟衰退可以絕跡，但他堅持經濟衰退已可保持相當溫和的程度，此後不會再有像 1930 年代的那種蕭條出現。由於對於經濟衰退的控制能力已經進步，所以他相信今後所剩下的大問題是通貨膨脹。「從整個社會的觀點看來，政治經濟學所面對的最嚴重的問題也許是長期通貨膨脹的威脅。」（注 21）1960 年代後期與 1970 年代發生的情形證明了他這種看法是正確的。

薩繆森對於現代經濟需要干預的理念就促成了他為民主黨擔任顧問的意願。1958 年甘迺迪在他為該黨競選總統成功的兩年以前就聘他為其顧問團中的一員。在競選成功以後，甘迺迪就聘他擔任一個為新政府提供經濟方策的研究小組的主持人。最後他乃於 1961 年 1 月 3 日對甘迺迪提出一份報告，其中曾如此表達：「國內外有些不同的專家相信戰後立即發生的通貨膨脹的情況已轉變而成為物價穩定的時期。對於這種欣悅的診斷也許可以認為是正確的。但是，對物價與成本的變化再加觀察以後則顯示我們最近在批發物價指數上的穩定是發生於我們經濟處於高度失業與衰落的時期。為了這一原因，如果認為高度就業的恢復不會發生物價穩定的問題，那就未免過分樂觀了。」

「經濟學家對於當前面對這一通貨膨脹的病症究竟有多麼的嚴重尚無一致的看法。許多人感到除了傳統的財政與貨幣政策之外，必須研擬出新的制度性的方策來應付這種新的挑戰。但是，不論對於問題的各種意見是多麼可貴，都應明白宣示高度就業與確切的實質成長之目的的追求都不能因為畏懼美國之再度繁榮

可能會帶來困難而放棄。如果經濟重振會再度引起成本推動的膨脹的問題,那麼我們就沒有其他的選擇而只有勇往直前,一直接近到這一問題真的圓滿解決的一天。」(注22)

在這篇報告中,薩繆森曾提出一些「就是假定最近的衰退真的到明年夏天前就會有所好轉也須極力推行的」最少的方案。他強烈支持一些誓言要推動的支出,包括國防支出與切需的對外援助的增加,發展教育,都市重建,衛生改善與福利增進的計畫的推進,失業補助的加強,公共工程與公路建築的加速,艱困地區的改善,自然資源的開發等等。(注23)

這是一個相當傳統的報告,包括的範域相當廣大,但其中沒有後來極力主張推動之採取減稅以刺激經濟復甦的一項。其所以如此,不是因為薩氏認為減稅不必要,而是因為他對當時政治氣氛的敏感。他知道這在政策上是辦不到的,因為甘迺迪當時是以「要求美國人民犧牲以拯救國民經濟之危機的政綱而競選的,怎能一開始就要給人民以一般認為是『賞賜』呢?」(注24)

　　薩繆森同時還表示他感到國會有加以教育的必要。「他（甘迺迪）有些他的經濟專家所自然缺乏的智慧，這就是對國會議員須加教育與再教育之迫切程度的體識。」（注 25）這裡他是顯示出要將經濟建議轉變而成為立法方案的困難。

　　這種對於立法方案之成立所須經過之政治程序的體識也許是薩繆森之所以不接受甘迺迪要他擔任白宮之經濟顧問委員會之主席的原因。在他撰寫那份甘迺迪競選總統成功後要他為新政府提供經濟方策的報告時，他就學得了一種經驗，這就是他不能以一個經濟學家的身分來撰寫，不能以純粹經濟理論為基礎來提出建議，而同時又能做為一個政府的發言人。

　　薩繆森選擇保持他以 MIT 教授的身份俾能享有獨立提出建言的自由。不待言，薩氏最後的這種選擇是很自然的。因為追根究柢，他一生所要從事的事業是經濟學術的研究與發展，政治活動不過是整個生涯中的一個插曲。

四、晚年憶往

在 1985 年 2 月 6 日薩繆森常引他的「經濟學在我的時代」（Economics in My Time）的演講時，到了最後他問自己，「在我邁向古稀之年時，我會怎樣感覺呢？」接著他自答道：「對我來說，我雖已 69 歲了，但與 25 歲時的情況似無差異。日子過得似如往常一般的美好。」（注 26）的確，他在 70 歲以後還是繼續不斷地工作。到了 1996 年，當時美國總統柯林頓（William Clinton）還贈他以「國家科學獎章」（National Medal of Science），認為「他六十年來對經濟科學做了基本性的貢獻」，這是美國政府對科學家所能贈予的最高榮譽。他應感到滿意。

到了 2003 年 7 月 5 日他發表了一篇稱為〈我怎樣成為一位經濟學家〉（How I Became an Economist）的短文，對過去的經歷做一回憶。他首先說明，他之所以成為經濟學家是偶然的，在 1932 年 1 月 2 日上午八時，他中學尚未正式畢業就走進了芝加哥大學的課堂。那時所講的是馬爾薩斯（T. R. Malthus）的「人口理

論」，他聽來感到非常容易理解。「這是幸運嗎？」他
自問自答地說：「是的，我一生所有的遭遇都是在適當
的時候到達適當的地方。芝加哥在那個時期是舊式的
新古典個體經濟研究的頂尖中心。但是我並不知道，
我進去的原因，只是因為芝加哥大學靠近我的中學與
家庭。後來我被迫要離開這一芝加哥的樂園時，所剩
下的選擇只有進哈佛還是哥倫比亞研究院。所有教導
過我的芝加哥師長們……沒有例外地都說選擇哥倫比
亞。我從不是一位盲目聽從長者之忠告的人，最後，
我選擇了哈佛。我選擇的是出於一種錯誤的估計，希
望它能在一片綠油油的山丘上，提供一塊綠洲。」（注
27）

「一部分要感激希特勒（Adolph Hitler），1935~1940
年我在哈佛的逗留，卻正是哈佛經濟學在熊彼德、李
昂節夫、哈伯勒以及『美國凱恩斯』韓森領導之下從
事復興（同時對我來說使我能成為博學的威爾森的唯
一門徒）。在聰穎的素質上，當代哈佛的研究生是可以
與其老師們媲美的。莫斯格雷夫、司多卜、卜格森、
梅茲勒、屈萊芬、杜賓、蘇羅等等，他們都是我的夥

伴，都成為 1950~2000 年間世界經濟學之新疆域上的明星。是的，哈佛造就了我們，但是正如我寫述了許多次，我們也造就了哈佛。」（注 28）

「也許除了偶然的機運、偶然的因素外，更重要的是『經濟學正適合我』這一有益的事實。這一學科當時在理論上與統計上，都正進入數理階段，做為一位早熟的青年，我在邏輯推理與迷惑解除的知商測驗上一直都很精靈，因此如果經濟學是為我而創的，那麼這也能說，我是為經濟學而生的。絕不可低估早年發現你視為遊戲的工作這一事實的重要性。這可能使一位不合格的普通人員，後來轉變成為一位勇猛的戰士。」

「1932 年經濟蕭條，已陷於谷底，這是尚未能參與勞工市場的人的好時光。正當我完成我的高級訓練時，第二次世界大戰爆發了，後來結束了，接著而來的就是五十年的大學經濟學的學生暴增。……我的著名老師要到過了 40 歲才能擔任正教授，而我這一代的神童們，則不到 30 歲就已成為正教授。在象牙塔之外，政府機關、公司行號、華爾街的商賈與教科書的

出版商，都在找經濟學家。」（注 29）

　　他寫了以上一大段後，就總結地說：「所以，當我在 80 多歲時回顧過去，在經濟學界服務的長期經歷，體認到所有這些美好的機運的發生，都須以經濟史上之基本趨勢為背景方能理解。我所站的是觀察一個世紀來，經濟史上大部分基本變動的優良位置。能處於永遠改變經濟學之革命的前線是有福的。我總是為做了些純粹是遊戲的工作而受到超額的報酬。」（注 30）

　　是的，薩繆森這一生的確完成了許多他自認是遊戲的工作，一直做到 2009 年 12 月 13 日，因小病而逝世時為止，這是些如何可貴的珍品呢？以後有機會當略做介紹。

———— ◆—◁◇▷—◆ ————

注 1： Paul A. Samuelson, "Economics in My Time" in *Lives of the Laureates, Thirteen Nobel Economists*, third editon, William Breit and Roger W. Spencer, ed., MIT Press, MA, USA, 1995, pp.64~68。

注 2： Paul A. Samuelson and William A. Barnett, ed., *Inside the Economist's Mind: Conversations With Eminent Economists*, Blackwell Publishing Ltd., Oxford, England, 2007, p.156。

注 3： Paul A. Samuelson, " Economics in a Golden Age: A Personal Memoir", *CSP*, vol.4, pp.888~889。

注 4： 同上注書，p.891。

注 5： Edward S. Mason, "The Harvard Department of Economics from the Beginning to World War II", *Quarterly Journal of Economics*, August, 1982, p.430。

注 6： Robert Sobel, *The Worldly Economists*, Free Press, New York, 1980, p.101。

注 7： Paul A. Samuelson, "My Life Philosophy", *CSP*, vol.5, pp.795~796。

注 8 ： 關於薩繆森對 MIT 經濟學部的貢獻可參閱，E. Cary Brown & Robert M. Solow, ed., *Paul Samuelson and Modern Economic Theory*, McGraw-Hill, New York, 1983, pp.ix~xiii。

注 9 ： 同注 1 書，p.61。

注 10 ： Michael Szenberg, Lall Ramrattan, and Aron A. Gottesman, ed., *Samuelsonian Economics and the Twenty-First Century*, Oxford University Press, 2006, p.xxv。

注 11 ： Leonard Silk, *The Economists*, A Discus Book, Pulished by Avon Books, New York, 1974, p.17。

注 12 ： 同注 1 書，p.67。

注 13 ： Paul A. Samuelson "Economists and The History of Ideas", *CSP*, vol.2, p.1516。

注 14 ： 同注 1 書，p.63。

注 15 ： 同注 8 書，p.xii。

注 16 ： 其中薩氏所寫的部分有些已編為單冊，以 *Economics from the Heart* 為名， 由 Harcaurt Brace Jovanovich, Publishers, New York，於 1973 年出版

注 17 ： Paul A. Samuelson, "The New Look in Tax and Fiscal

Policy", *CSP*, vol. 2, p. 1329, The MIT Press, 1966。

注 18： 同上注書，p. 1330。

注 19： Paul A. Samuelson, "Stability and Growth in the American Economy", *CSP*, vol. 2, p.1725。

注 20： 同注 13 書，pp. 1503~1504。

注 21： Paul A. Samuelson, "What Economists Know", *CSP*, vol. 2, p. 1647。

注 22： "Samuelson's Report in the State of the American Economy to President-elected Kennedy", in *Paul A. Samuelson Biography*, Nobelprize, Org., Nobel Media AB 2011。

注 23： 同上注。

注 24： Paul A. Samuelson, "Economic Policy for 1962", *CSP*, vol. 2, p. 1494。

注 25： 同上注。

注 26： 同注 1 書，p.76。

注 27： Paul A. Samuelson, "How I Became an Economist", Nobel Foundation, available at http://nobelprize.org/nobel_prizes/ economics/laureates/1970/samuelson-article2.html。

注 28： 同上注。

注 29： 同上注。

注 30： 同上注。

第三章　《經濟分析的基礎》的寫出

一、諾貝爾經濟學獎的獲得

《經濟分析的基礎》是薩繆森的經典代表作。當它於 1947 年出版後，即被美國經濟學會以其新創的克拉克獎章贈予以表揚他的學術成就。後來薩繆森說：「《經濟分析的基礎》的出版對於美國經濟學會即於 1947 年以第一屆克拉克獎章贈予所負的責任是有點太遲了。但是，這是安全的猜測，它對於 1970 年諾貝爾經濟學獎過早的贈予以致有損柏拉圖之公正原則卻發生了加速的作用。」（注 1）對於這種情形在瑞典皇家科學院（Royal Academy of Sciences）所頒布的公告中可以明顯看出，其中曾所宣示的在第一章開始時就已簡單地引述過，現在接著再將其略加補充如下：

「他最著名的著作是 1947 年出版的《經濟分析的基礎》。在這一著作以及一大批論文中，他重寫了主要經濟理論的一大部分，並在一些領域所完成的結論現在都已成為經濟學的古典定理。例如：他以他的『對應原理』（correspondence principle）將靜態學與動態學加以整合，他將乘數、加速數的機能在經濟波動模式

中加以結合，他以他的顯示性偏好理論將消費理論的
基礎加以改造，他發展並改進國際貿易理論中的一些
重要定理，諸如要素價格均等定理，他創立一種『時
際效率』（intertemporal efficiency）的定理，並導出決定
最大可能成長率的『大道原理』（turnpike theorem），最
後他澄清公共財在資源最適配量的任務。」（注 2）

　　接著該院負責處理此獎贈予業務的「經濟科學委
員會」（Committee on Economic Science）的委員之一的
林柏克（Assar Lindbeck），又就薩繆森對經濟學的貢獻
寫了一篇專文。他這樣的寫著：

　　「一般而言，薩繆森在最近數十年間之基本成就是
對於中心經濟理論之一般分析與方法的水準的提高比
任何人都要大。……在過去數十年間經濟理論之發展
上一個最顯著的特點是分析技術已有一部分通過數學
工具而更有確定的形式。……在薩繆森之著作中，也
許特別是在他的《經濟分析的基礎》中，所討論的一
個基本論點是在經濟理論之各個不同的部門中都有其
方法論與理論的一致性。他顯示諸如生產經濟、消費
行為、國際貿易、公共財政與總體分析等等不同部門

之間都有基本的相似性。於大多數部門中，在一些限制條件下追求最大值或最小值以獲致確定的結論，基本上仍發揮同樣的分析任務。」（注3）

「由於薩繆森的貢獻是廣布於經濟理論的各部門的，要指出某人是某一部門或某些論題的創始者實在是不容易的。同時，我認為要說薩繆森曾開創任何完全新穎的經濟研究的部門也是錯誤的。……薩繆森的主要貢獻也許是在於提出新的改進的分析工具，並將之應用於新古典的與新凱恩斯學派的經濟理論的重要問題上。因此他所涉及的各部門的經濟理論能比他以前的任何一人都要多。薩繆森的工作何以不能像許多其他人士那樣開創完全『新的範域』或者『學派』，大概是由於他的分析是與自亞當·斯密到威克賽爾（Wicksell）、凱恩斯諸氏歷來討論的傳統理論密切相關的緣故，這樣他的理論已成為經濟理論之核心的一部分。」（注4）

以上是薩繆森以其所著《經濟分析的基礎》為主所提出的貢獻。這就無怪乎當代極負盛名的後來也為諾貝爾獎的得主艾羅要說：「薩繆森是歷來最偉大的

經濟學家之一。」（注 5）因此瑞典皇家科學院於 1970
年將第二屆諾貝爾經濟學獎頒贈給薩繆森也許是有點
過早了，因為有些他前輩的經濟學家如希克斯（J. R.
Hicks）等都還未獲得此一殊榮，但是沒有人會說薩繆
森是不應得的。不過，當時提出《經濟分析的基礎》
時，薩繆森只是一位 21 歲的青年，這是如何能辦到
呢？這的確是一個值得推敲的問題，現在就讓我們將
其寫作過程略做回顧。

二、《經濟分析的基礎》寫作的回顧

本書的寫作並無確實的開始日期，大約是在
1936~1941 年間逐漸孕育而成的。在這一期間是他在哈
佛想將經濟理論的全部內容加以吸收時，卻體認到其
中有些真理，總是伴隨著許多不確定的相互關係。為
了要追尋其解答，他就搜遍哈佛圖書館中所有數學典
籍，他閱讀了許多這些典籍，但是這些經濟難題還是
不易解答，就是這些難題之內在的邏輯引導《經濟分
析的基礎》一書的成長。（注 6）

　　在這期間，與《經濟分析的基礎》的起源最有關聯的是威爾森教授的教導。他使薩氏瞭解經濟學與物理學一樣可以運用同樣的數學定理，他是偉大的吉伯斯在耶魯大學的最後一位弟子，而薩繆森則為他在哈佛的唯一門徒。在 1937 年當薩繆森之在哈佛的獎學金將要屆滿時，卻很幸運地被校中聲望隆重的「研究人員勵進會」聘為初級研究員。該會是從各科中精選 24 位青年才俊所組成的，薩氏是其中唯一的經濟學者，是很光榮的。該會規定其成員可自由選擇自己所喜愛的任何學科從事研究，但不得在三年期間撰寫博士論文，薩氏在接任以後，即從事經濟論題的研究，「散篇的文章就不斷地從他筆中寫成而刊出」。他說：「對我而言，這些從 1937~1940 年的這段歲月是生長在真正的天堂中，如果能給我一個機會聘為永久的初級研究員，一直讓我住下去，我是會很愉快地接受的。」這說明了薩繆森在學刊上所發表的論文常被引述如何使他早在 20 幾歲時就享有國際聲響。它們的課題是龐雜的，包括資本理論、生命循環的儲蓄（life-cycle saving）、效用理論、國際貿易、凱恩斯的乘數與加

速數的動態、顯示性偏好、以及許多其他議題。很神奇的這使他驚覺到在這些研究以及許多當前的與歷史的經濟理論的探討中都有一種一致性的方法與邏輯理解。（注7）

到了 1940 年中期研究人員勵進會對於博士論文撰寫的禁令解除了，許多勵進會的人員則仍遵守原來的規定而不寫博士論文，他們以後在哈佛的地位絲毫沒有受到影響。但是薩繆森的新教徒夫人與他自己都主張採取穩健的辦法，還是決定寫一篇，得一個博士學位。於是自 1940 年 10 月至 1941 年 1 月他以最快速度，將過去所發表的論文重行編組，並將新的意見向夫人口述而由她打字成篇。他後來說：「幸虧我們做了這一撰寫的決定，不然《經濟分析的基礎》也許會受到可以發表新的意見洶湧推擠而被擱置下來，不能完成。」（注8）

「這本書在 1941 年贏得哈佛之最佳出版的威爾斯獎，由於早一年的獲得此獎的人於收到獎金後就不再將修正稿繳出，我則須先繳出修正稿而才能獲贈獎金，但是，不幸的，世界大戰卻經珍珠港的被轟炸而

來到了美國，我後來參加了 MIT 中的熱能放射實驗所的工作，非常忙碌，因此只能利用晚間與星期日的餘暇從事論文的修正與擴伸，到了 1943 年終於將完成的修正稿送出。當時哈佛的長期擔任經濟學系主任的並不是我所欽敬的人士。很久以前，他就勸我在沒有到達像他那樣 50 多歲的成熟時期不要從事經濟理論的研究。我每月查問一次總是看到我那本修正稿仍是蓋滿塵埃地擱置在經濟學系辦公室的一角。這是一種對我無意的恩惠，因為一本戰時出版的書籍是沒有人會注意的。

　　但是，沒有這樣幸運的是這位系主任決定第一次只准印 500 本，我反對，妥協的結果是印 750 本。但他有最後的發言權，他將所有這些精緻打字而成的數學程式於第一次印過以後立即全部銷毀，當第一次印成的全部銷售完時，所有以後的印製就只有應用照相印製法來印製。……

　　年輕的作者都希望自己的產物能有許多人的惠顧，但我從沒有夢想過會不斷地需要重印，會有平裝本的發行，或者有許多外文的譯本。」（注 9）但是事

實卻正相反，足見它已對經濟學界產生影響，現在我們可以在此略加發揮。

三、《經濟分析的基礎》產生的影響

我們今天一打開各國經濟學術期刊，就會發現其中的論文大都是以數學符號與方程式所寫成的，這就好像看到純粹數學或物理學的期刊一樣。這種情形在 1940 年代以前是不可能發生的，例如今天一位最傑出的福利經濟學家卜格森，當他於 1937 年寫成今天被譽為這方面之第一篇重要論文「A Brief Formulation of Certain Aspects of Welfare Economics」而送到當時最著名的期刊《經濟學季刊》（*Quarterly Journal of Economics*）去刊載時，該刊編者哈佛大學教授門羅（A. E. Monroe）就因為其中用了許多數學而不想採用。他認為作者應將這些數學刪除，至少也應該將之列為附錄，後來幾經磋商，由於卜氏的堅持才勉強刊出。

何以經濟學界的風氣會有如此巨大的轉變呢？這就與薩繆森有莫大關係。當然，薩繆森並不是第一

個使用數學方法來探究並說明經濟問題的經濟學家。19世紀末葉，吉逢斯（W. S. Jevons, 1835~1882）就曾使用微積分來從事邊際分析。更早一點，古諾（A. Cournot, 1801~1877）就運用數學研究廠商均衡，華爾拉（L. Walras, 1834~1910）也運用數學來解釋經濟社會所有各種市場之同時均衡。後來如柏萊圖（V. Pareto, 1848~1923）、馬夏爾、費雪（I. Fisher, 1867~1947）、艾奇渥斯（F. Edgeworth, 1845~1926）、凱恩斯諸氏亦都有充分的數學修養，有時亦利用數學來說明一些事物。但是，他們之使用數學都是零星的、局部的，而薩繆森則將之普及到全部經濟學。他認為數學如吉伯斯所說是一種「語言」，甚至「數學就是語言」（注10），不但可用來澄清一些以文字表達之理論的模糊概念，而且還可以幫助我們看到肉眼所不能看到的事物。換言之，數學能揭露經濟理論中一些僅憑直覺而無法發掘的內涵。我們知道，大多數的經濟問題都是在尋求許多變數的最大或最小，例如：求福利的最大、成本的最小、利潤的最多、效用的最大等。如果我們將這些基本行為，如廠商求報酬之最多，消費者

求滿足之最大等，當作數學問題來處理，那麼，就可從探究其數學方程式的性質中得到一些重要的定理。薩繆森就採取這種方法從事經濟理論的研究，結果乃寫出了《經濟分析的基礎》這部不朽的著作。

薩繆森這種運用數學的態度就與馬夏爾的迥然不同。馬夏爾經常警誡大家不要將文字的命題寫成數學的形態。但薩繆森則正相反，要大家不要將數學的形式寫成文字。他認為這種工作不但從促進科學進步的觀點看來是徒勞無功的，而且還是一種腦力運用上的無謂的浪費。（注 11）薩氏認為馬夏爾所使用的數學常常是不明確的。他在 1967 年就曾說：「馬夏爾的模糊的見解癱瘓了我們經濟學界英國這一支之最優秀青年的頭腦達三十年之久」。（注 12）因此他認為馬夏爾是經濟學史上一位最被高估的經濟學家。（注 13）

許多人也許不能同意他對馬夏爾的評價，但他這部《經濟分析的基礎》卻廣為經濟學界所接受與推崇。自此以後，整個經濟學界就充滿著經濟學與數理分析的氣息，所有重要的經濟論文就充滿著數學符號及演繹公式，而與物理學的情形相去不遠。這種情勢

不斷發生下去以後自引起許多非議。要而言之，約有下列三點：

（一）數學方程式的美滿掩蓋了經濟推理的謬誤，須知數學演算的完整並不表示其所揭示的經濟行為亦必合理。

（二）目前仍有許多數學修養不足的經濟學家，他們對這些充滿數學公式與符號的著作自然不能讀懂，這就減少了經濟學界彼此溝通的機會，自有礙於整個經濟學的發展。

（三）數理分析嚴謹有餘，但多不切實際。這在 20 世紀 1970 年代就曾引起激烈辯論。許多人認為精深的數理分析對於經濟學並不相宜，因為其中的資料並不完備，而且實驗的方法也不可靠。例如李昂節夫就有這種看法。（注 14）

薩繆森自然瞭解這些批評，並常以自己的工作對之加以答辯。對於上述的第一點，他也認為僅求數學技術的發揮而無經濟實質意義的操作是無謂的。但他認為數學方程式的使用能將一個模型的主要結構及其特性明白地表達出來。例如凱恩斯是懷疑數理經濟

學之功用的。因此，儘管他有良好的數學修養，總避免使用數學來表達其《一般理論》所蘊含的複雜的思想。但是，後來經過薩繆森以數學將之加以解釋後，他認為是有助於凱恩斯自己及他人之瞭解的。其次，對於第二點，他與一般數理經濟學家不同，常在數理分析中伴以幾何圖表與簡明文字，以為補充，使一般數學修養不足的人亦能瞭解。

最後對於第三點，關於「嚴謹」與「不切實際」的疑慮，他認為數學推理的嚴謹對於「有意義的」（meaningful）、「可以事實驗證的」（operational）論據的形成是有助益的。因為要使這種論據得以建立，那麼，其所意指的內涵自須盡可能達到明確而不含糊的地步，這時就有賴於數學的協助。薩繆森認為這時使用數學是絕對適切的。他認為許多傳統的經濟理論所提示的內涵都不夠明確，經他以數學推理加以鑑定後，則其確鑿性就進一步地得以建立。至於其是否「切合實際」（relevance）自須經過計量經濟學的分析。在這方面，薩繆森則無可置喙，因為他很少參與這種工作。其所以致此，下文將有交代。這也許會使許多

人感到失望，但這仍無損於他在經濟分析方法上所提供的重大貢獻。

他在《經濟分析的基礎》平裝本的前言中曾如此表示：「坦白說，在 1947 年，我沒有料到數理經濟理論之再興不久就會發生。當時數理經濟學在美國、法國、斯堪地納亞與荷蘭、日本，甚至英國都已不再是先驅者全神貫注細加研究的課題，已不再成為創造性學術工作之主流的一支。……」

「在過去十五年間，每個有知識的觀察者都會體察到經濟學從沒有像現在這樣的技術化。今天如果你不喜歡數學，你很少能找到一家研究所可容你逃生。……不知是好還是壞，經濟學已成為一種數學的科學，正如物理與工程科學在一個世紀以前之成為這樣一種科學一樣。……我們今天是生活在分析經濟學的黃金時代，試想何時能像現在這樣可讓我們在征服新知的疆場上獲得如此豐碩的成果？……」（注 15）

因此，他常對一般想要研究經濟學的青年朋友如此忠告：「有些過去與現在的最著名的、最卓越的經濟學家並不懂數學，有些則懂一點數學。很顯然的，你

可以不懂數學而成為一位偉大的經濟學家，但你必須更為聰穎，更具才華。」

「如果你將過去所有的偉大經濟學家的訓練與背景加以研究，你可發現很大一部分至少都是具有中級數學的修養。……」

「不過，數學不是從事經濟理論研究得以成功的必需條件，也不是充分條件。它能對從事這種研究的人有所裨助，它也能成為一種阻障，因為它很容易使一位優秀的以文字來表達的經濟學家變為一位平庸的數理經濟學家。」

「實際上，今天純粹的數理經濟學家已逐漸消逝，以至於絕跡。今天已很少能看出數理經濟學家與普通經濟學家的分別。」（注 16）

以上這些忠告是他在 1952 年提出的，後來的確奏效，這從他於 1983 年終於接受各方敦促為《經濟分析的基礎》寫了一本增訂版後所得到的反應中充分地看出。他說他對《經濟分析的基礎》之原來的內容並不加變動，只是另加新的部分將三十多年來數理經濟學之新的發展詳加分析。使原書的篇幅擴增了一倍。

「這是優良的材料，其中大部分都比原來的分析深入很多，但是結果卻是很驚奇地證實了我當日認為《經濟分析的基礎》之所以成功是由於正迎合當時需要的看法。這塊新的石頭是不能在一個現代主流經濟學的池塘中激起漣漪的。在 1983 年我們可以說都是數理經濟學家了，對於現時經濟學中每一論題都已有數百冊的專著在討論著。」（注 17）這種現象的形成可以說薩繆森之《經濟分析的基礎》一書所引起的。

不過，儘管薩繆森對於數學非常重視，但他只用來從事經濟理論分析，並不用它來從事經濟事實的驗證。我們知道，自 1930 年代以來，有所謂計量經濟學的興起，所謂計量經濟學是要將經濟理論、數學及統計學三者結合起來，以事經濟現象之分析的科學，薩繆森在這方面則很少參與。這不但是由於他自己對於理論研究較有興趣，而且也是由於他對於計量模型所做的經濟預測少有信心。自二次世界大戰結束以來，就有許多這類經濟預測的提出，但結果往往都是錯誤的。在這方面，他自己也有過一次經驗。他在 1944 年寫了一篇「Unemployment Ahead」在《新共和》（*New*

Republic）雜誌上發表，預測戰後經濟將會陷於嚴重的困境。但事實的發展則證明完全錯誤。有了這次教訓以後，他就再也不從事這種嘗試了。不但如此，他還時常發表文章表示對於這類模型的疑慮。（注 18）

注 1： Paul A. Samuelson, "How Foundations Came To Be", *Journal of Economic Literature*, vol.xxxv1 September 1998, pp.1384~1385。

注 2： *Swedish Journal of Economics*, vol.72, no.4, December 1970, p.341。

注 3： Assar Lindbeck, " Paul Anthony Samuelson's Contribution to Economics", *Swedish Journal of Economics*, vol.72. no.4, December 1970, p.342~343。

注 4： 同上注書，p.344。

注 5： Kenneth Arrow, "Samuelson Collected", *Journal of Political Economy*, 1967, p.735。

注 6： Paul A. Samuelson, "How Foundations Came To Be", *Journal of Economic Literature*, vol.xxxvi, September, 1998, p.1375。

注 7： 同上注書，p.1376~1377。

注 8： 同上注書，p.1377。

注 9： 同上注書，p.1378。

注 10： Paul A. Samuelson, "Economic Theory and Mathematics", *CSP*, vol.2, p.1751。

注 11： Paul A. Samuelson, *Foundations of Economic Analysis*, Harvard University Press, Cambridge, MA, U. S. A., 1947, p.6。

注 12： Paul A. Samuelson, "The Monopolistic Revolution", *CSP*, vol.3, p.22。

注 13： Paul A. Samuelson, "Economicist and History of Ideas", *CSP*, vol.2, 1902。

注 14： Wassily Leontief, "Theoretical Assumptions and Nonobserved Facts", *American Economic Review*, May, 1979。

注 15： Paul A. Samuelson, *Foundations of Economic Analysis*, Atheneum, New York, 1967, p.xii。

注 16： Paul A. Samuelson, "Economic Theory and Mathematics",

CSP, Vol.2, pp.1760~1761。

注 17： 同注 1 書，p.1378。

注 18： 薩繆森在《新共和》的文章是在該刊 1944 年 9 月間
分兩期刊出。另外他對經濟預測表示懷疑的文章有
「Economic Forecasting and National Policy」, CSP, vol.2,
no.101 以及「The Art and Science of Macromodels Over 50
Years」, CSP, vol.4, no.275。

第四章 　凱恩斯革命的參與

一、凱恩斯革命的發生

我們都知道人的欲望無窮而社會資源有限。經濟學家就是想要提出人是如何抉擇各種欲望之滿足的先後次序,以及在有限的資源中求取更多欲望滿足的原理原則。自古以來就有許多哲人學者從事這方面的研究,到了最近 250 年就被視為是經濟學之研究的現代時期。因為在此期間出現了許多新的問題、新的目標以及處理這些問題與目標的新方法須待研討,這些新的問題是隨著封建制度的沒落與「重商主義」(mercantilism)的興起而產生。重商主義是產業革命與市場經濟的出現以前的制度,在重商主義之下,統治者以增加國庫中之金銀存量的方法,來增加他們所控制的民族國家的財富。統治者相信增加國內貨品的輸出與限制國外貨品的輸入,可以增加國庫的金銀存量,於是就推行進口關稅,管制國內生產,使其產品能利於輸出,並限制國內人民消費等政策。但是,在重商主義政策推行的過程中,同時亦引起知識分子的質疑,這種辦法是否真能增加國家的財富,如果不

能，又有何法？這促使他們還要進一步地探究財富與價值的真正涵義。

在這一時期，知識分子想要努力達成的目標也已從對統治者之福祉與財富的關懷轉變為求個人之權利與福祉的改進，1776 年的美國革命與 1789 年的法國革命就是這種轉變的證明。這是歷史上第一次顯示國家的主權屬於全民的觀念，這些社會變化則隨著宗教改革之後承認個人有累積財富的權利。

對於個人權利與財富之重視，促使知識分子集中力量從事如何使這些目標得以達成的研究，這就使他們要提出新的方法。這些新的方法就是現代經濟學特性的最好表徵。它們是由科學革命所激發的，將重點放在數學與實驗方面，不放在學理的辯論上。這一科學革命的啟動是與 15 世紀以來一群神奇的天文學家與物理學家，如哥白尼（Nicholaus Copernicus）、克卜勒（Johannes Kepler）、伽利略（Galileo Galilei）與牛頓（Isaac Newton）等人分不開的。

那麼，誰是經濟學之現代時期最早的經濟學家呢？經濟學家曾對此有多次討論，大多數都認為應該是法

國的一群重農主義者或稱「重農學派」（physiocrats）與英國蘇格蘭的亞當・斯密。重農主義者的首領是甘納（Francois Quesnay, 1694~1774），他們之所以稱為重農主義者是因為他們相信社會中之經濟行為是受「自然法則」（natural law）的操縱。他們受當時一些哲學家，如洛克（John Locke）與笛卡兒（René Descartes）等的影響，認為經濟社會是由「自然秩序」（natural order）所主宰的，對人的經濟行為應該「自由放任」（laissez faire），政府不可予以管制，所以與重商主義者的主張是針鋒相對的。他們同時亦認為財富的根源不是黃金與白銀，而是農業產品總額中減去消費所剩下的淨額。

亞當・斯密曾與甘納這群重農主義者有所往來，他贊成他們的自由放任的思想，但對於他們的財富來源觀念則有所修正。他於 1776 年寫了一本稱為《國富論》的巨著，其中曾表達財富的來源不是金銀而是生產性的勞動。他進而說明分工合作要比工人之單獨生產有效得多。這些貢獻以及價值的來源與價格有「自然價格」（natural price）與「市場價格」（market price）之分，是他被稱現代經濟學之鼻祖的原因。

　　亞當‧斯密為英國經濟學開闢了一條道路，在他之後就有馬爾薩斯、李嘉圖（David Ricardo）、約翰‧司徒‧彌爾（John Stuart Mill）等人提出了許多重要貢獻，這就形成經濟學史上的古典學派。其中最著名的是李嘉圖在其《政治經濟學及賦稅原理》（*The Principles of Political Economy and Taxation*）中所提出的比較利益理論，認為一國對各物之生產的效率比所有其他各國的都大，也不若專事其中效率比他國較大的物品之生產（就是所謂比較利益），而與其他各國交換其所需的其他物品有利。薩繆森認為這是所有社會科學中之同時是真實與重要的命題。（注 1）

　　這一比較利益理論像上述之分工的概念一樣都是革命性的論據，都促成經濟思想的進步，但這些概念基本上都是從勞動或貨品的供給方面來立論。後來接著有一群稱為新古典學派的學者的興起，他們同時亦從貨物的需要方面加以考慮。他們提出一個「邊際效用」（marginal utility）的概念，認為一物價值是由消費者從其增獲一個單位的消費所產生的利益而決定的，不是由從其所獲之全部物品所產生的全部利益所決

定。例如：我們可以認為金鋼鑽是有價值的，但在沙漠中的人則認為一口解渴的水則有更大的價值。一個與此相關的概念，就是需要法則，認為一物的需要量與其價格成反比，價格愈高，需要量愈少，反之，價格愈低，需要量則愈多。

著名的新古典學派有法國的華爾拉、英國的吉逢斯、奧國的孟格（Carl Menger）與英國的馬夏爾等人。馬夏爾於 1890 年出版了一部《經濟學原理》（*Principles of Economics*）就成為當時最著名的教科書。他是英國劍橋大學的教授，培養出許多人才，其中凱恩斯在 1936 年出版了《一般理論》，引發經濟思想上另一場革命。他這本書是鑑於 1929 年 10 月由美國激發經濟大蕭條以來傳統的政策已無能為力必須另謀新策而寫出的。簡單地說，依據傳統的古典理論，社會中勞動者之失業是短暫的現象，經過工資的調整，勞動的供需就會趨於相等，這時勞動者就都可找到工作，失業現象就消失了。所以只要讓勞動市場自由運作將工資降低就可解決，不必焦慮。但是在 1930 年代，不用說工資不易下降，就算降低了，勞動者仍不能找到

工作。為什麼呢？因為他們所製成的貨品沒有銷路。這時凱恩斯就看到市場經濟如果只依賴私人產業的操作已不能產生預期的效果，必須由政府介入，從事公共投資，才能挽救經濟不振的危困。因為進行公共投資，則會增加勞動的參與，勞動者就有工可做。勞動者有了工作之後就有所得，有了所得就會購買貨品，這就會促進生產增加，要生產又須增加各種生產資源（包括勞動）的運用。這樣不斷發展下去當可促進經濟復甦而達於繁榮。凱恩斯這種由政府直接參與社會經濟活動的主張，自非一向倡導自由放任的古典經濟學家所能苟同。但是，儘管如此，他這種主張對於當時面臨經濟大蕭條的困局，卻也不失為一合理的對策，於是經濟學界就引起熱烈的討論，一場以此為主題的凱恩斯革命就此展開。

二、信息傳遞到哈佛

最早將這場在英國劍橋發生的革命傳遞到美國的是一位加拿大人柏萊斯（Robert Bryce）。他原來是加

拿大多倫多大學（University of Toronto）專攻工程學科的學生，當他於 1932 年畢業而要找工作時，由於當時經濟不景氣而無法如願。他就想要研究經濟問題，看看這場經濟大蕭條是如何發生的，旋即與同班之念經濟學的友人泰希斯（Lorie Tarshis）談起如何進行。泰希斯告訴他最好是到英國劍橋大學去攻讀，可以使他得到解答，並說這也是他自己決定要去的地方。柏萊斯就接受了他的忠告，與他結伴一同到了英國劍橋。他在該校住了三年，得到經濟學的學士學位。在此期間，他上過凱恩斯的課，也曾被邀參加凱氏在班上所組織的小型的「政治經濟學會」（Political Economy Club）。同時，對訪問他的柯蘭德（Colander）與賴屈司（Landreth）兩人說在此期間也正是「凱恩斯的思想開始轉變的時期。他試從一種討論物價水準以及與其有關的事物的經濟分析轉移到討論產量與就業水準的總體經濟的分析。」（注 2）「他想提出一種體系，其中產量、生產與就業的數量都是變數，不像在古典分析中將它們視為不變的已知數。在凱恩斯的觀念中，產量及其內涵的變化才是真正重要的，他還沒有將其間

的關係弄清楚。但他正是朝這一方向邁進。」（注3）

　　在對於凱恩斯的思想經過兩年的研讀有了相當理解後，他就決定在第三年（1935年）前往倫敦政治經濟學院，試圖將凱恩斯的思想傳輸到那邊去。為了完成這種工作，他事前就將他所瞭解的凱恩斯的思想寫了一篇文章。「倫敦政治經濟學院的海耶克（F. A. Hayek）教授對我非常仁慈，他讓我連續四週在他的討論班上將這些思想對他們解釋，學生們都很感興趣。」（注4）

　　到倫敦政治經濟學院完成想做的工作，並取得成功後，他就想再做一件較為驚動的事，他乃決定向「國協獎助研究基金」（Commonwealth Funds Fellowship）申請前往美國的獎助金。結果成功了，於是在1935年秋天，他就懷著像到倫敦政治經濟學院同樣的意念到了哈佛，在那邊住了兩年。按照獎助金的規定必須有一指導研究的資深教授，他就請熊彼德擔任。他在熊氏指導之下獲益不少，甚感愉快。熊氏從不與他談到自己對凱恩斯思想的異見，但對他所寫的那篇介紹凱恩斯思想的文章則頗有興趣。他提出一些問題，但從

不表示接受。柏萊斯認為「一部分是因為熊氏對凱恩斯非常嫉妒，他認為熊彼德應被視為當前活著的最主要的經濟學家，而不是凱恩斯。」（注5）但柏萊斯認為這不是他來哈佛所要瞭解的主題，他要明白的是該校的優秀研究生所想的是什麼，其中一些開明的教授對於事物的看法又是如何。他說他在哈佛的兩年，大部分都在紛議中渡過，他記得與當時是哈佛的初級教員斯惠茲（Paul Sweezy）曾組織了一個非正式的研討會，討論凱恩斯的思想。最初是以他的那篇由英國帶去的文章為基礎，後來凱恩斯的《一般理論》出版了，就以該書為基礎。他指出這本書「不是為了易懂而寫出的，它是想從詳細的紛議中提出一個結論。任何人讀了這本書都會感到非常迷惘，它是一本專為其他專業的經濟學家而寫的。」（注6）

這一非正式的集會通常都是在夜間舉行的，前來參加的是其他研究生加上年輕的教員，有時韓列司（Seymour Harris）與高培思（John Kenneth Galbraith）也會來，至於薩繆森是否去參加過，柏萊斯表示不知情。（注7）在第一年時，柏萊斯感到他是其中唯一關

於凱恩斯的專家，是唯一願為他而辯護的。到了 1936
年他的巨著出版了，讀過它的人漸漸多了，雖然如上
所指出這不是容易讀懂的書，但是同學中亦有許多是
有進步的。到了兩年後，他因國協獎助研究基金當初
規定的期限已到，必須轉到另一英國國協的地區從事
研究，因而就離開了哈佛，當時他並不認為自己已完
成了預期的任務。（注 8）

三、薩繆森與革命陣營

　　上面曾提到柏萊斯對訪問他的人說他不知薩繆森
是否曾參加他的非正式的研討會，但薩繆森自己則對
同樣訪問他的人說：「我第一次聽到《一般理論》這本
書是在 1935~1936 年從加拿大人柏萊斯處得到的。……
當這本書出版時，他曾幫我們買到這本書……，但在
它沒有出版時，他曾寫了一篇關於它的摘要，我還在
我的卷宗中保存著。……但我不能肯定這一摘要是完
全從凱恩斯的講詞中得到的。」（注 9）

　　他又說：「甚至在我讀過《一般理論》後，還是反

對它。……我對凱恩斯最反對的是他認為社會中可能
有均衡的失業。……我最後說服自己不要再擔心它。
我問我自己：何以我要反對一種說詞，它能使我瞭解
羅斯福總統能將美國經濟從 1933 年重振而到 1937 年復
甦？……我願意接受假定相對物價與工資是有相當的
穩固性的，這樣就能以凱恩斯的辦法去替代華爾拉的
辦法而運行。」（注 10）

　　另外一種使薩繆森更加肯定凱恩斯的思想因素是
受到韓森教授的影響，韓森是 1937 年被哈佛新成立的
公共行政研究學院聘為政治經濟學教授。那時薩繆森
已於 1936 年經過一年的攻讀就已通過博士候選人的資
格考試，並也被該校之「研究人員勵進會」聘為初級
研究員，可以按照自己的意願研習自己喜愛的學科，
而無課程必須研讀。但他則於 1938 年到韓森所開的一
門討論財政政策的研討課旁聽，而韓森則已從原來篤
信古典理論的學者而成為凱恩斯思想的信徒，這對於
薩繆森自有很大的影響，而亦成為一位凱恩斯學派之
經濟學者。（注 11）「我還應該說在 1937~1938 年間大
多數的優秀學生都已是凱恩斯學派了。」（注 12）他認

為「經濟學本身就是一位沉睡中的公主，期待著凱恩斯激奮的親吻。」（注13）

到了《一般理論》出版十年後，薩繆森就生動地描述它對於他這一代經濟學家的影響。他說：「我總認為一個經濟學家能在1936年以前出生，曾受過古典經濟學之徹底的教育，乃享有一種無價的利益。對於現代的學生幾乎是完全不可能體驗『凱恩斯革命』對於我們這些在純正傳統中長大所產生的全部影響。今天才開始學習的人常被認為是平凡的與淺顯的，對於我們則為困惑的、新奇的與異端的。

一個經濟學家能在1936年出生是一種恩賜 —— 這的確是。但是不能出生在太早以前！

在那天破曉時就已活著是幸福，但若已是青年則真是到了天堂！

《一般理論》使大多數35歲以下的經濟學家得到一種出於意料之外的惡毒疾病，這種疾病曾襲擊並毀滅南海中一個島嶼上的孤立的部落；至於超過50歲的經濟學家則能避免這種疾病的感染。大多數在這兩種年齡之間的經濟學家則都有點發燒，常常是不知道或

不承認他們的情況。」（注 14）

接著他繼續闡明：「我自己相信《一般理論》的重要性是在於它提出一個相當現實的完整的體系去分析有效需要的水準及其波動。」（注 15）所以這是一種新的理論。這是非常重要的，因為「經濟學中要有一理論才能推翻另一種理論，事實只能擊破理論的表皮。」（注 16）

那麼薩繆森又如何觀察這場革命與其所要推翻的對象關係呢？他說：「當然，30 年代經濟大蕭條不是第一次暴露出古典的綜合的不能維護性。……但現在則是它第一次遇到一個完整的體系 —— 一套包含許多方程式的未知數且經過嚴密推理的思想。簡單地說，像古典的綜合一樣，也是一種綜合，是一種能將古典體系視為一種特殊狀態的綜合。」（注 17）

這樣薩繆森就強烈地、堅定地成為凱恩斯革命陣營中的一員了，他在 1948 年寫了一本《經濟學》就是克盡其中一分子之任務的最具體的表現。這本書已成為全球的經濟學教科書，讀過它的總計在一千萬人以上。他說：「讓他們擬訂一國的法律，如果我能撰寫它

的教科書。」（注 18）這樣看來他應感到無上的欣慰。

注 1 ：　Paul A. Samuelson, *CSP*, vol III, p.687。

注 2 ：　David C. Colander and Harry Landreth, ed., *The Coming of Keynesianism to America*, Edward Elgar, Cheltenlam, UK., 1996, p.41。

注 3 ：　同上注書，p.42。

注 4 ：　同上注書，p.43。

注 5 ：　同上注書，p.44。

注 6 ：　同上注書，pp.44~45。

注 7 ：　同上注書，p.45。

注 8 ：　同上注書，pp.46~47。

注 9 ：　同上注書，p.159。

注 10 ：　同上注書，p.159~160。

注 11 ：　同上注書，p.165。

注 12 ：　同上注書，p.167。

注 13： Paul A. Samuelson, "Economics in a Golden Age: a Personal Memoir", *CSP*, vol.4, p.885。

注 14： Paul A. Samuelson, "Lord Keynes and the General Theory", *CSP*, vol.2, 1996, pp.1517~1518。

注 15： 同上注書，p.1523。

注 16： 同上注書，p.1568。

注 17： 同上注書，p.1520。

注 18： Paul A. Samuelson, "Economics in My Time", William Breit and Roger W. Spencer (ed), *Lives of the Laureates*, MIT Press, 1986, p.68。

第五章　《經濟學：初步的分析》的出版

就對經濟科學的理論說，薩繆森之最大的貢獻是他於 1947 年出版的《經濟分析的基礎》，但若以對經濟知識的普及以及對經濟政策之推行的影響而言，他的最大貢獻無疑地是他於 1948 年寫出的《經濟學：初步的分析》（簡稱《經濟學》）。對於前者，我們在第三章中已略加敘述，現可對後者亦略加說明。

一、對於優良教科書的迫切需求

1945 年是世界大局發生巨大變化的一年，第二次世界大戰經過多年激烈的交鋒，終於在這一年由以美國為首的民主集團勝利了，這樣一大群的青年戰士就要回到平時的工作崗位，在這裡自然有一批學子要進入大學進修，於是對於各科教材的需要就急劇增加了。在另一方面經濟科學也在這時進入一個黃金時代，當 1929~1935 年間這場巨大的經濟蕭條，終於由於將古老的、正統的不採任何行動的貨幣與財政政策予以揚棄，代之以積極且強而有力的措施而克服了。後來英、美兩國動員她們的經濟而亦於 1945 年將德、

日、義等侵略國家擊敗。接著美國就在歐洲推行馬歇爾計畫（Marshall Plan），並在日本從事軍事占領，當時完全沒有料到這樣的結果，卻開展了一個戰後經濟成長時期的奇蹟。

　　所有這些情況都是大學生所應理解的，但是，正如薩繆森所說：「所有我們這一代的教師都感到很歉疚的是當時暢銷的經濟學教科書沒有一本不是過時的。」（注 1）於是有一天薩繆森正從戰時參加設在 MIT 的熱能放射實驗所回到經濟學系後不久，系主任弗立曼（Ralph Freeman）就來向他提出一種懇求。他說：「MIT 現有 800 名三年級生必須念一年的經濟學，他們痛恨這門課，我們曾試了各種方法加以補救，他們還是痛恨這門課。我們甚至想由全系同仁合編一本書，結果是我所做過的編輯工作中之最惡劣的一種。……保羅（薩氏的名字），你願不願利用一個學期或兩個學期的一半時間寫一本學生喜愛的教科書？如果他們喜歡它，你這本書就會成為好的教科書。你可以盡量刪除你所不喜歡的部分，寫成一本你喜歡的簡略的書。不論你寫出的是怎樣一本書都會是我們目前所處現況

的一大改進。」（注2）薩繆森初聽完這段話後先是報之一笑，但後來想想是很有道理的，表示願意考慮。

二、撰寫任務的肩負

當時薩繆森是一位 30 歲的青年，正是寫一本教科書或寫出一、二篇創新性論文的最好時機。同時，他那本早在 1941 年寫成的高深的《經濟分析的基礎》由於受到戰時影響而擱置下來的困境終告解除而正在印刷中，後於 1970 年因該書而獲諾貝爾獎。因此，現在是寫這樣一本教科書的時機，如果現在不寫，將來恐怕不會再有撰寫的機會。但是，當時一般的輿論是認為有發展前途的優秀的人是不會去寫大學一、二年級用的教科書的，只有那些庸才才願意為出版商從事這種辛苦而乏味的工作。不過，他再想想自己已出版了許多重要的學術論文而聲譽卓越，將來恐不致因為為 MIT 撰寫了一本這類教科書而延誤了獲得其終身聘約的機會，自可不必有此顧慮，於是他就接受了這一撰寫的約定。（注3）

　　在著手撰寫之初，原以為在一年內就可完成，但結果卻不如預期，經過了三年的操作才能竣工。到了1948 年秋，這一名為《經濟學：初步的分析》教本乃由 McGraw-Hill 公司出版。不管在寫作時是如何的辛勞，或者當時的夢想是如何的美麗，但是將來的遭遇究竟如何還是沒有把握。不過，很幸運的，一般的反應都很熱烈，各大學不論規模大小，都紛紛採用。當時他在芝加哥大學的同學，後來也獲得諾貝爾獎的斯蒂格勒（George Stigler）曾說：「薩繆森獲得聲譽後（《經濟分析的基礎》出版時），現在則要追求財富了。」（注 4）這樣看來他這句話是應驗了。但薩繆森曾反駁說這不是他要寫這本書的主要目的，他的主要目的是在宣揚思想。後來他曾為此解釋，「我的工作一開始就得到很好的報酬，但任何一位優越的學者，所追求的錢財並不是錢財本身，因為若是如此的話，他當初儘可以去做一位修理水管的或釀造美酒的工人，他所追求的錢財是對世道人心有所影響的能力。」（注 5）

　　有一年他得到了古根漢（Guggenheim）研究獎助金使他能做一次歐洲之行，他就趁此機會到各主要城

市中去看看是否有他這本經濟學的法文、德文、義大利文、西班牙文與瑞典文的譯本,「這除了要體驗身為作者的虛榮外,我還能以一位教育工作者的身分,看到那些將會決定全球政策的人們,能接觸到主流經濟學之正反雙方的論述而感到欣慰。」(注6)這就說明了上段所引的薩氏所說的話的真切性。

當時對這本《經濟學》所做的書評也很多,第一篇就出自高培思的手筆。他當時是著名的《財星》(*Fortune*)雜誌的編者之一,他預測下一代的學生所學到的經濟知識都會是來自薩繆森的《經濟學》。雖然讚美之詞聽在著作者的耳朵中是甜蜜的,但是薩繆森「承認這本書在同類書中所享的影響力與持久性則令我非常驚奇。這就證明高培思的先見眼力遠大於我的。《經濟學》的確創立了一個新穎的久遠的模式,它大多數的競爭者都是按照它的進展式樣而寫成的,而令人感到溫馨的是這些競爭的作品大都是出於友人的手筆。」(注7)

但是,不是所有的反應都是令人欣悅的。在反動的麥卡賽參議員(Senator Joseph McCarthy)橫行時

期，激進主義的控訴就不時從講壇上或教室中提出。在這種情形之下，薩繆森的著作也不免受到波及。有一天 MIT 的校友中突然寫了一封信給校長康普登（Karl Compton），指出如果讓薩繆森發表他的維護「混合經濟」（mixed economy）的言詞將會傷害他自己的學者聲譽。所謂混合經濟是一種介於「市場經濟」（market economy）與「指令經濟」（command economy）之間的經濟制度，其中市場決定個人之大部分的經濟行為，但政府對市場功能的發揮也有相當監督的或控制的力量，它可以通過法律的制訂去約束或管理人民的經濟生活。今天大多數國家都是採取這種「混合經濟」的體制。康普登就回了一封信給這位校友，表示若校中的教員會受到任何的外界約制，那他就會立即辭職。這樣這場糾紛也就解決了，《經濟學》這本書照常出版無誤。（注 8）

但是，其他學校的教員就不一定能有這樣的幸運。例如：當時在哈佛附近的塔夫脫大學（Tufts University）任教的泰希斯的遭遇就迥然不同。泰氏是加拿大人，曾於 1931 年在多倫多大學獲得學士後即赴

英國劍橋大學念經濟學，後於 1934 年先獲文學士，又於 1939 年獲經濟學博士學位。接著就回到美國塔夫脫任教。他在劍橋攻讀期間曾上過凱恩斯的課，並被邀請參加「凱恩斯政治經濟學會」。這正是他的名著《一般理論》之著述的蘊釀時期，所以泰希斯早就對凱恩斯的理論有所理解。（注 9）

　　他能在塔夫脫大學任教本來感到很滿意，因為它在哈佛附近，可以享受到哈佛所提供的學術上的便利。但後於 1942 年因不滿該校的校園政治而想轉往史丹福大學（Stanford University）任職。但在行前卻接到一封由羅斯福總統具名的電報，說他的服務是迫切需要的，他因而就決定到華府一行。那時他不是美國公民，但幾天後接到一個電話，要他「到波士頓法庭報到，你將成為一個美國公民。」他想想自己加拿大人都一直不能得到一份加拿大大學的聘約，現在改成為美國公民也無妨。這樣他就於 1942 年春天到了華府，參加了「戰時生產局」（War Production）的工作，一年後轉入美國空軍服務，以青年科學家的名義派赴歐洲工作，到 1945 年 6 月任務結束又回到塔夫脫。這時他

就決定「現在我必須將凱恩斯向世界介紹」，於是他在
1945~1946 年間就寫了一本教科書。（注 10）

　　這本書稱為《經濟學要義》（*The Elements of Economics: An Introduction to the Theory of Price and Employment*），當它於 1947 年出版時，他已轉到史丹福大學任教。這是美國宣導凱恩斯思想的第一本教科書。出版後銷售很多，但不久以後出版商就致電表示有人極力反對這本書，認為是受共產主義者鼓動而寫成的。他對這種反對之聲則不加理會，認為其中絲毫沒有任何共產主義的言詞，是一種無的放矢。但是出版商卻不斷來電說某校取消了對它購買的預約，另一學校亦隨著取消預定的承諾。這樣它的銷路就一天一天地減少，總共大約銷出一萬本，到了 1948 年或 1949年就真正在市場中絕跡了。（注 11）這完全是由於當時右派人士之惡毒的政治攻擊所造成的。薩繆森對於當時的情形曾有所聞，他說：「泰希斯是我的近鄰，也是好友，但我第一次聽到他的書是在 MIT 當教員時曾收到由出版商寄來的一冊促銷該書的贈送本。這是一本好書，一本很好的書。若在 1945 年就已知泰希斯這本

書，我也許會專心從事我的數理經濟學的研究。」（注
12）薩氏又說：「他不是一位惡名昭彰的左翼人士，在
他成熟的歲月一直到 1993 年逝世時都是一位低調的教
員與研究者。」「我永遠不能瞭解右派人士為何要對他
做各種的猛烈的攻擊。」（注 13）

到了 1960 年代與 1970 年代，情勢則恰恰轉到相
反的一面。當時學生掀起狂烈的反越戰的浪潮，主流
的經濟學也成攻擊的目標。在「新左派」（The New
Left）的心目中，薩繆森就是資本主義走狗的化身。這
樣正如薩氏所說：「一個一生一直主張同樣的折衷性
的自由主義的人，我先被咒責為奇異活動的先鋒，後
來則又被詛罵為資本主義的走狗。」（注 14）一部同
時以德文與英文寫出的兩大卷的《反對薩繆森》（Anti-
Samuelson）的作品就在丹麥出版了，措詞極為尖酸刻
薄。

薩繆森對於左右兩派對他著作所提出的反對意見
則有一種反應。他說：「每種冷風都傳輸一種有用的教
訓。我學得了如何在牽涉到紛爭性的課題時用詞要特
別小心。……對於反對主流經濟學的論據退一步做公

平的敘述，對我只會產生利益。這就是何以像我母校
芝加哥大學這樣保守的學校也會像其他進步學校那樣
將我的《經濟學》列為學生應讀的作品。甚至蘇俄也
會感到有這書譯本的需要，而不到一個月這一譯本就
售罄了。」（注 15）

現在這本書一直在暢銷中，到 1985 年出到 12 版
時便邀耶魯大學教授諾浩斯（William D. Nordhaus）協
同著述，自此以後銷路也仍不衰。到了 18 版為止，一
共銷了 200 多萬冊，各國文字的譯本則有 41 種。現在
薩繆森已於 2009 年 12 月 13 日逝世了，從這本書初版
的 1948 年算起已歷 61 年。一本書能在這樣長的歲月
中一直為人所喜讀，這是出版史上所罕見的。今天著
者因人已逝世，但這本書卻仍活在人間。無怪乎在該
書出版五十年的紀念會中該書的合著者諾浩斯教授就
要說：「這本書長壽無疆了。」（注 16）現在要問的是
這本書如何能達到這一境界？這就是接著所要解答的。

三、內容清新的保持

他首先說明「經濟學就其核心論，是一種經驗的科學，它先是解釋在我們周身的世界，然後基於正確的經濟理論，幫我們擬訂經濟政策，以增進國內與世界之人民的生活水準。」（注 17）接著又說經濟學經過二百多年的發展，到了他的「偉大的前輩 —— 約翰・司徒・彌爾、馬夏爾、陶錫克和費雪 —— 是在敘述他們的時代，我則敘述 20 世紀後半葉 —— 一個超越我年輕時所抱的樂觀主義的時代。那些古典的著者主要是討論純粹資本主義，我則須處理混合經濟之內在的各種取捨與抉擇機會的問題，這種經濟現在已是廣布於美洲、歐洲、亞洲與非洲諸大陸的社會形態。」（注 18）

為了達到這一目的，每隔三、五年就將他的《經濟學》修改一次，「每一新版都清理出經濟學家對於市場功能如何能發揮與社會如何能有所作為，以增進人民的生活水準的最優思想。」（注 19）這也就是說《經濟學》要永遠保持著青春的活力。正如他自己所

說：「我的頭髮從金黃色變為深黃色，再變為灰白色，但《經濟學》這本教科書卻永遠是 21 歲的青年。」（注20）因為「關係重大的是這本書要永遠保持年輕，指點出主流經濟學未來發展的方向。」（注 21）

現在舉例來說，整個世界經過 1930 年代的一場空前的經濟大蕭條後，過去傳統的無為的做法顯然是過時了，這就使薩繆森要宣示當時新興的凱恩斯理論，強調政府必須積極運用財政政策以補救之，這就成為他這本《經濟學》之早期的內容，但等到經濟景氣好轉以後，貨幣政策就逐漸肩負正常的任務以發揮所能發揮的功能，這在他的《經濟學》之後續各版就有所發揮。同時對於傳統個體經濟學所涉及的一些新的概念亦有所傳述，所以他在紀念《經濟學》之出版五十年所舉行的集會中就明確地表達：「這本書不僅是第一本將凱恩斯的與後凱恩斯的總體經濟的模式確實的傳輸給初學者，而且還是一本將今天視為當然應有的個體經濟學上許多新穎的見解引進基本經濟學中來的書。」（注 22）對於這一點蘇羅亦表同意，他說：「介紹凱恩斯思想不是主要的創新，不是紀念薩繆森這本

書第 1 版之發行的主要意旨。他這本書大概是真正戰後時期的第一教科書,它是真正可以代表戰後時期的經濟學,而所謂戰後時期的經濟學大部分可以說是由薩繆森以其他經濟作品之著者的身分所形成的。」(注23)也正因為如此,薩繆森又要說:「一位研究主流經濟思想的史學家……就可從分析本書之從第 1 版修改為第 2 版,最後改為 16 版的過程中,瞭解各種思想之興起與沒落的時日。」(注24)

接著可以舉出另一個例子來說明這本書確實能長生不老、永保年輕。這就是其中對蘇聯經濟的描述。在第 1 版中,他對馬克思的思想並不重視,他認為馬克思之對於在資本主義之下貧窮者將愈貧窮的預測是相當錯誤的,對於蘇聯推行的中央集權的計畫經濟制度所能發揮的效能亦表懷疑,不若美國推行的混合自由企業制度的優越。以後各版對馬克思的思想仍多批評,這是因為當時蘇聯經濟由於受到二次世界大戰的影響仍陷於困境。到了 1970 年代蘇聯經濟已有起色,於是他在第 9 版後就對馬克思的說明大量增加。對於蘇聯經濟亦多贊賞之詞,到了 1989 年出第 13 版時他

甚至說：「蘇維埃經濟證明，與許多早期對它表示懷疑的人信念相反，社會主義的指令經濟是能夠運作的，甚至是能夠興盛的。」（注 25）這句話是他繼早期預測戰後經濟會發生不景氣之錯誤的判斷後的第二個錯誤。實際上，整個蘇聯體制就在這一年開始解體。到了出第 14 版時，他倆就將上句中之「興盛」，一詞刪除，並在統計數字之後加上一句「蘇聯的資料為許多專家所懷疑」。（注 26）到了 1995 年第 15 版就宣布蘇維埃共產主義是「失敗的模式」。（注 27）這已說明了薩氏是如何努力遵循事實的發展而改正了早年錯誤的判斷，以使《經濟學》能永遠保持與時代同步推展的青春歲月。這是這本書能暢銷六十多年的原因，亦是薩氏治學之嚴謹篤實的精神所造成的。

四、最後的一版

到了 2009 年他們將該書修訂 19 版時，薩繆森特別寫了一篇稱為〈一個中央主義者的宣言〉（A Centrist Proclamation），說明該書一向傳輸的要旨與將來邁往

的方向，刊載於該書的首頁。現特將之譯述如下：

「科學會進步，同時亦會退步。經濟學亦然。到了第二次世界大戰結束時，所有領導性的主要的經濟學教科書都已喪失了它們的適用性，都已過時了。這就遺下了一個空檔，是切需填補的。這本教科書的第 1 版是在 1948 年刊行的，它將總體經濟學引進我們大學中來，成為一冊在全球各地講述經濟學的標準教本。在這些年來，經濟情勢與經濟科學都發生了巨大的變化。這本書在後續各修訂版中都將最近世界經濟的變遷加以敘述，並將這一學科發展之頂尖的最新的嚴謹的經濟思想予以說明。

令我們驚奇的是這第 19 版也許是所有修訂版中最重要的。我們稱這一版為『中央主義者的版本』（centrist edition）。它宣示『混合經濟』——一種將嚴格的市場紀律與公正的政府監督相結合的經濟體系的價值。

中央主義在今天是非常重要的，因為全球經濟正在慘重的崩潰中——也許要比 1930 年代經濟大蕭條時任何一次的不景氣還要惡劣。可嘆的是許多教科書

還是沉醉於自由至上主義者之過分自滿的境界而不覺醒。他們參與金融自由市場的慶賀，支持管理的解除與監督的廢棄。這種慶賀的苦果就從房屋與股票市場之無理性的狂漲的消失而引起當前的金融危機中嘗到。

　　我們所提出這種中央主義不是想要規勸讀者擺脫他們信仰的提示，我們是分析家，不是宗教信仰的指導者。它不是一種意識形態，以宣揚中央主義為我們的主旨。我們篩洗實情與理論去決定『海耶克－費利曼（Hayek-Friedman）之自由至上主義』與『馬克思－列寧（Marx-Lenin）之官僚共產主義』所產生的後果。所有讀者都可以自由決定他們自己認為是最優的倫理學與價值判斷。

　　經過對於目前情勢的體察以後，這是我們的心得：經濟史已證實漫無管制的資本主義與管制過度的中央計畫都不能妥善地將現代社會組織起來。

　　左右二派的謬誤都正昭告我們中央主義的確當性。嚴格控制的中央計畫在上一世紀中葉曾廣泛地倡導過，但在共產主義國家製造了經濟停滯與痛苦的消費者以後就被拋棄了。

　　海耶克與費利曼警告我們不能走上一條到奴役之路，這又是怎樣的一條路呢？他們反對的又是什麼呢？他們反對社會安全、最低工資、國家公園、累進賦稅以及政府清理環境與緩和全球暖化的規則。生活在高所得社會中的人多數都支持這些主張。但在這些混合經濟中則同時推行法治與有限度的競爭的自由。

　　我們在本書各章中會將中央派這種對經濟學研習的方法加以概述。在中國、印度、拉丁美洲以及許多新進的社會中將有成千整萬的學生會從本書以後各章中尋求經濟智慧。我們的任務是要切實確定經濟學之最近的與最優的思想是包含在這書中，並將現代混合經濟的邏輯加以描述，至於對左右二派的批評則都以公平的態度加以表達。

　　但我們在我的這一宣言中還要向前邁進一步。我們認為其間必須有一種有限度的中央主義（limited centrism）。我的知識是不完全的，社會的資源也是有限的。我們同時也要體認我們目前所處的困境，我們看見沒有約制的資本主義已經造成的所得與財富之苦痛的不平均，『供給學派』（supply-side）的財政思想

已製造了政府的大量赤字。我們體察現代金融上之主要的創新，當其在不加管控的制度中運行時，曾造成億兆美元的損失，導致許多可敬的金融機構的毀滅。

只有我們的社會能回復到有限度的中央狀態，我們才能保證全球經濟回復到充分就業，進步的果實能更平均地為人分享。」（注 28）

這篇宣言的寫成是在 2009 年 2 月，這時薩繆森一定沒有料到這次修訂是他最後一次的參與，所完成的第 19 版也就成為他這部《經濟學》的最後一版。因為他於同年 12 月 13 日就逝世了，享年 94 歲。我想他當時一定以為自己仍可與往昔那樣親眼看到以後的發展，可以再度驗證他的修改是適當的，同時也可以觀察世界經濟與經濟學的變化再度從事該書之修改以使其能長生不老、永保青春。

現在事實上是辦不到了，但薩繆森應已無遺憾。試想經濟學史上有沒有一本書在作者有生之年能連續暢銷了六十一年？同時有沒有一位作者在一本書寫成了以後還繼續不斷地修訂一直到他生命最後一刻方休止？這兩者都發生在薩繆森身上。由此可見，薩繆森

對經濟學內容的充實與發展之獻替的宏著，對經濟知識之普及以及對經濟政策之推行的影響的巨大。這些都顯示薩繆森治學態度的嚴謹與求進精神的誠摯，是永遠為人所崇敬的。

這一薩氏自認為最重要的修訂版亦與過去各版一樣著重經濟學之核心理論的傳述，特別注意經濟成長與市場經濟的分析。以經濟成長論，近年來最為人所關注的是中國的崛起。現可將薩繆森在這一新版中對這一問題的描述逐譯一段，以示這版的特色之一斑：

「在過去三十年間，經濟發展上的一個主要驚奇是中國經濟的飛躍成長。自 1949 年的革命以後，中國當初是採取蘇維埃式的中央計畫體制。中央集權隨著 1966~1969 年間的文化大革命而達到高潮，這就導致中國經濟的衰落。自革命領袖毛澤東逝世以後，新的一代認定如果共產主義要求生存則須從事經濟改革。從 1979~1997 年，在鄧小平領導之下，中國散放了大部分經濟力量，並促進競爭的展開。但是，經濟改革並沒有政治改革協同推行；1989 年的民主運動就在天安門廣場受到暴力壓制，共產黨繼續掌握住整個政治歷程。

　　中國領導階層曾採劇烈手段，設立經濟特區，准許資產階級與外國的企業在當地經營。中國之最急速的成長就在香港與上海的沿海一帶地區展開。這些地區已與中國境外的國家緊密統合，引進了大量的投資。不但如此，中國已准許私人的與外國的廠商，不受政府計畫的約束或控制，可以與國營企業在一起運作。這些所有權上的創新已快速增長，到了 2000 年代，其所製成的產量占了中國國內生產毛額的一大半。

　　中國經濟這種繼續不斷的迅速成長就像過去蘇聯經濟之崩潰一樣令人驚異。每人平均的國內生產毛額在 1962~1973 年間，每年增加 4%，到 1995~2006 年間，每年則增加 8.2%。從中國輸到美國的貿易額在過去十年間每年增加 17%。到了 2008 年，中國每年對外輸出貿易量差不多有二兆美元，並累積了一兆五千億美元的外匯準備存底。

　　中國經濟模式的將來正為世界各國密切注視中。朝外發展導向（outward orientation），特別是對外投資的成功，無疑是中國經濟政策之特別顯著的特性。」（注 29）

　　這是薩繆森在他自認為其《經濟學》之最重要
的一版對中國經濟的描述。他在該書中特別指出他
所論述的中心是混合經濟的理論與實際。以本質論，
今天的中國經濟也是一種混合經濟，因為其中政府
與市場二者都同時對國民經濟活動發生影響的力量，
但這不是薩氏所謂的混合經濟。他所謂的混合經濟是
一種「混合的市場經濟」（mixed market economy）或
「混合的資本主義」（mixed capitalism），以別於他前
輩所論述的著重自由放任的「純粹資本主義」（pure
capitation），（注 30）他自己也有這種稱法，前者見其
所著《經濟學》19 版原著 p.535，後者見同書 p.533。
中國推行這種混合經濟，中國自己稱為「中國特色的
社會主義」。如果按照中國這種邏輯來推論，那麼，薩
氏所謂的混合經濟就可以說是一種「美國特色的資本
主義」，兩者的區別就在政府與市場二者在國民經濟活
動中所發生的影響力的大小。在中國經濟中政府所發
揮的力量大於市場所發揮的，反之，在美國經濟中，
市場所發揮的力量要大於政府的。兩者之所以有此區
別就在於政府力量之獲得方式有區別。在美國以及其

他民主國家，政府的力量來自人民的溫和抉擇，在中國政府的力量則來自人民的暴力革命。溫和抉擇是定期舉行的，暴力革命則無時間約束。現在一般都認為前者「民主政治與市場經濟相結合」的方式是人類進化的自然結果。但中國則認為中國有自己特殊的歷史背景與當前處境，中國相信自己的「黨國政治與市場經濟相結合」的方式能治理中國的問題。將來的情勢如何？在薩繆森看來就要取決於事實與理論的發展，現在則不能預斷。這應該是薩繆森所留下的學術遺產。

———— ·<>· ————

注 1： Paul A. Samuelson and William D. Nordhaus, *Economics*, McGraw-Hill, New York, 14th edition, 1992, p.ix。

注 2： Paul A. Samuelson, "Credo of a Lucky Textbook Author", *Journal of Economic Perspectives*, vol.11, 2002, Spring 1997, p.154。

注 3： 同注 1 書，p.x。

注 4： Paul A. Samuelson "Forword to the Japanese Translation of Foundations of Economic Analysis", *CSP*, Vol.3, p.689。

注 5： Paul A. Samuelson, "Liberalism at Bay", *CSP*, vol.4, p.870。

注 6： Paul A. Samuelson and William D. Nordhaus, *Economics*, 15th, ed., p.xxvi。

注 7： Paul A. Samuelson and William D. Nordhaus, *Economics*, 16th, ed., p.xxv。

注 8： 同上注書，p.xxvi。

注 9： David C. Colander and Harry Landreth, ed., *The Coming of Keynesianism to America*, Edward Elgar, Cheltenlam, UK, 1996, pp.49~58。

注 10： 同上注書，pp.65~66。

注 11： 同上注書，pp.67~69。

注 12： 同注 2 書，p.157。

注 13： 同上注書，p.158。

注 14： Paul A. Samuelson, "Samuelson's Economics at Fifty:
Remarks on the Occasion of the Anniversary of Publication",
Journal of Economic Education, Fall, 1999, p.354。

注 15： 同注 6 書，p.xxv11。

注 16： 同注 14 書，p.358。

注 17： 同注 1 書，p.xvii。

注 18： 同注 14 書，p.353。

注 19： 同注 17 書，p.xv。

注 20： 同上注書，pxi。

注 21： 同上注。

注 22： 同注 14 書，p.352。

注 23： 同上注書，p.361。

注 24： 同注 7 書，p.xxvi。

注 25： 同上注書，13th ed., p.837。

注 26： 同上注書，14th ed., p.389。

注 27： 同上注書，15th ed., p.714。

注 28： 同上注書，19th ed., p. xvi~xvii。

注 29： 同上注書，p.535。

注 30： 同注 22 書，p.353。

第六章　所得決定理論的要義

自凱恩斯革命掀起以後，薩繆森即從事凱恩斯理論的闡揚，以奠定總體經濟學的基礎。這可說是他最初努力的方向，結果乃有所得決定理論的建立。上前他那本《經濟學》與過去所有的經濟學教科書所不同的就是其中有這種理論的敘述。現可將其要義略加說明。（注1）

一、古典理論的謬誤

一般而言，凱恩斯革命的任務是在推翻古典理論。這種理論認為市場中的價格機能可以自動調節，並將社會中所有的生產資源都做妥善的配置，以達到充分就業的境界。凱恩斯則不以為然，並且基於下列三個因素，認為該理論是謬誤的。

第一、利率的調節不能保證儲蓄與投資必能相等：首先要指出的是他對古典學派最不能苟同的是，後者對於貨幣市場的運行必可使儲蓄與投資自動趨於相等的分析。他認為各人所從事之儲蓄的數量固然會不時發生變化，但這種變化卻不完全是由於利率之變

化而引起的。有些人也許會因利率上漲而多儲蓄，但有些人則可能不會。他們之所以從事儲蓄可能有許多其他原因。例如：為了老年的安全、子女的教養、住宅的購置以及日後從事各種交易的便利等等。他們在這些原因的驅使之下，利率的變化對於他們是否會從事儲蓄可能就不發生任何影響。利率高時固然會去儲蓄，利率低時亦同樣會去儲蓄。

同時，再從投資資金需要方面說，當利率低時固然會增加對於資金的需要，以便從事投資，但當利率高時則也不一定就對之減少需要。這是因為人們對於投資與否的決定，利率的高低不過是其中所需考慮的一個因素而已。除此之外，還要看投資以後預期可獲利潤的多寡。如果利率高，但從事投資者對於將來經濟情勢的展望，特別是對於他們自己所提供之物品的銷路的展望是樂觀的，認為可以在未來賺到利潤，足以抵消利息之負擔而有餘，那麼，他們還是會去借款而從事投資的。既然如此，儘管利率高，對於儲蓄的需要還是增加。

由此可見，不論是儲蓄的供給，還是它的需要，

都不一定會因利率的變化而立即有所反應。既然如此，古典學派所持的兩者之間可以自動歸於相等，而使整個經濟達到充分就業之均衡的看法就不一定可靠了。如果社會中的儲蓄能被用來從事投資固然可使整個經濟社會中之所得流量不致減少，但是，如果這些儲蓄有時不能被完全用來投資時，那麼，整個經濟社會中之所得流量就要減少了。

第二、物價與工資之調整的困難：凱恩斯對於古典學派所提出之各種物品以及生產要素的價格可以完全聽任市場中之供需的消長而決定其漲跌的看法也不表贊同。這種情形在 18 與 19 世紀是可以發生的，因為當時市場中還沒有力量龐大的壟斷性組織的出現。但到了 20 世紀以後，勞資雙方都已有了壟斷性組織的形成，這就使市場中的供需定律不易自由發揮作用。既然如此，凱恩斯認為我們就不能再假定各種價格是可以聽市場之支配而自由漲跌的。

第三、物價與工資之下降是各人所得之減少：就是假定各種價格可隨市場情況的變化而變化，我們也不能斷定各種物品必可銷售罄盡，各種資源必可完全

使用。譬如說，現在我們假定工資下跌了，這對於僱用這些工人的廠商自然是有利的，因為這樣可以減少他們的生產成本。生產成本既然減少了，他們就可能會去增加生產。既然如此，自會增加社會中的就業機會，這對工人也是有利的。但是如果各業的工資都下降了，那麼，所有工人的所得自然也就減少了。他們的所得既然減少了，自然只好減少消費。既然如此，廠商所製成之物品的銷路就要減少。他們的銷路既然減少了，他們自然會設法減少生產。這樣無異使整個社會中之就業機會減少，充分就業自然也就無法達成了。

正由於市場中的價格機能沒有這種自動調節的功能，現代社會的經濟情況就時常波動不已。有時經濟情形甚為惡劣，以致發生眾多的失業，物品的產量非常稀少，有時則興旺過度，以致物價急速上升釀成通貨膨脹的現象。古典理論既如此謬誤，那麼如何對之有所修正，俾能使社會經濟在穩定中成長呢？這就是凱恩斯所要解答的問題，現可進而對之加以論述。

二、總合需要與總合供給

　　要理解上述社會經濟之全盤操作的情況，現在經濟學家已提出一種「總合需要」（aggregate demand）與「總合供給」（aggregate supply）的分析方法。利用這種分析就能解釋社會中之物價水準與全部產量之變動的一般趨勢，現在可先將兩者的意義略加說明。

（一）總合需要的意義

　　總合需要是指社會中所有的消費者、各種廠商、各級政府以及國外人士在某一時期（通常指一年）中，對於各種貨物與勞務所購買的數量。其中有國內外消費者所購買的服裝、廠商所購置的機器、各級政府所聘僱之員工的勞務等等，形形色色，不一而足。對於這種購買的數量多寡自然要受許多因素的影響，例如：物價水準、政府稅收與支出、貨幣供給、將來經濟的展望、國外經濟的景況等等。如要在這些因素都同時發生變動的情形之下，去瞭解其對於總合需要所發生的影響實在是非常困難。因此，我們自可先單

獨就其中某一個因素發生變動而假定其他因素都不變的條件之下而加以研究。現在對於總合需要所要表示的是在其他情形不變的條件下，整個社會在各種不同的物價水準之下對於所有各物所想購買，以及並能購買的總量。這一總量自可以「實質的國內生產毛額」（real gross domestic product，實質 GDP）來表示。（所謂「實質的國內生產毛額」是在國境內，不論是本國人還是外國人的生產之貨物以價值不變的貨幣來表達的生產總額，另一與此相關的所謂「實質的國民生產毛額」〔real gross national product，實質 GNP〕則以一國之國民為計算的標準，不論國民是在國內還是在國外生產的貨物都計算在內。同時，這種生產總額實際是所有參加生產者的所得，對於這種所得一般都稱之為「國民所得」〔national income〕）將這種關係以圖來表示就成為總合需要曲線 ——AD（圖 1），這是一條由左上方向右下降的曲線，表示在其他情況都不變的條件下，物價水準愈高，整個社會對於各物的總合需要就愈少；反之，則愈多。

（二）總合供給的意義

總合供給是指社會中生產者全體在某一時期（一年）所能提供之各種產品的總量。然而，可以影響這種產量之多寡的因素也很多，例如：物價水準、生產要素的數量與品質、運用各種生產資源的方法、生產成本等等。現在為了明瞭各種因素對於總合供給的影響，亦可單獨提出一項而假定其他不變而加以研究。

與上面總合需要一樣，現在亦可單獨提出物價水準的變動，對於總合供給的影響，由此亦可畫出一條總合供給曲線，表示在其他情況不變的條件之下，整個社會中的生產者對於各種物品在各種不同的物價水準之下願意並能夠提供的總量，這一總量自然也就是實質的國內生產毛額。若以圖來表達這種關係，其形狀是一條由左向右上升的曲線 ——AS（圖1），它的意思是在其他情況不變的條件之下，物價水準愈高，國民生產就愈多；反之，則愈小。

（三）總合需要與總合供給的均衡

現在如將以上兩種曲線放在一圖中，則兩者的交

點即為國民生產與物價水準之均衡的所在（圖1）。其
中所產生的實質 GDP 為 Y，物價水準為 P。如果物價
水準高於 P，則物品供給總量就要超過了其需要總量，
這樣就會促使物價水準下降。反之，如果物價水準低
於 P，則物品的需要總量就要超過其供給總量，這就
逼使物價水準上漲。只有當物價水準等於 P 時，物品
的需要總量正等於物品的供給總量，而不會再發生變
動，這時就產生了「總體經濟均衡」（macro-economic
equilibrium）。這種圖上的 Y 就是當物價水準為 P 時的
實質 GDP，也就是國民所得。這樣國民所得的數量就
決定了，這是所得決定的理論。

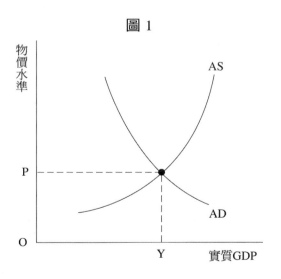

圖 1

三、總合支出與總合產量

在另一方面，根據凱恩斯的經濟分析，在現代市場經濟社會中，其產量與就業水準是決定於社會中總合支出的數量。在可使用的稀少資源為已知的情形之下，所有的企業都會生產其所能售出而可獲利的數量。這可以說該一社會可能生產的最大數量。如果市場無法容納其所製成的貨物，則勞工與機器以及其他資財就都會投閒置散，所以，社會中之總合支出與產量及就業水準是直接相關的，總合支出增加，產業與就業就會隨而增加；反之，則減少。

現在就先分析其中的消費與投資兩種支出，因為它們是一個社會在短期間決定產量與就業之最主要的項目，是總合需要之主要的內容。

（一）消費

影響每個人之消費數量的因素是相當眾多的，例如：物價水準、所得多寡、消費者所保有之資產數量以及對於未來各種情況變化的看法等等。現亦可依據

凱恩斯的假設，從許多足以影響消費的因素中提出所得這一因素做為分析的重點，而假定其他因素不變，凱氏認為人的消費行為有一「基本的心理定律」，這就是人們的消費普通都會隨著他們的所得之增加而增加，但所增加的則不若他們在所得上所增加的多。如果凱氏的這種看法是對的，則消費與所得之間就存在著函數的關係。今天經濟學上之所謂「消費函數」（consumption function）最初就是根據凱恩斯這一基本心理定律而產生的。它的意思是在所有其他情形不變的條件之下，一般人的消費會隨其可用所得的變動而做相同方向的變動，但其變動的幅度卻不是等比例的。

對於上述這種情形薩繆森表示也可加以圖解說明。在圖 2 中，縱軸表示消費數量，橫軸為實質 GDP。同等的尺度表示兩者的多寡，其中 OA 線與兩軸成一個 45° 的角，對於這種線以後就簡稱為「45° 線」，因此，在這條線上的任何一點到兩軸之距離都是相等。這就表示全部所得都完全消費掉。因此，根據這條 45° 線，就可測度出消費是否與所得相等。在該圖中，還有一條 CC 線。這條線是假設的消費曲線，可用

來表示出消費與所得之間所存在的具體的函數關係。因此，這一曲線也就是「消費函數曲線」。

接著要提出的是表示消費與可用所得兩者之間關係的一個術語，即「消費傾向」（propensity to consume）。這個術語乃凱恩斯所創，表示消費者將其所得使用於消費的傾向。消費傾向有「平均」與「邊際」的區分。所謂「平均消費傾向」（average propensity to consume，可簡寫為 APC）就是表示在某一定量的所得中平均每元所消費的部分。如以 Y 代表全部所得，以 C 代表全部消費，則平均消費傾向當為 C/Y。所謂「邊際消費傾向」（marginal propensity to consume，可簡寫為 MPC）亦與其他邊際量的意義一樣，表示所得每變動一個單位時，其在消費上所引起之變動量。如果以 Δ Y 代表所得之變動量，以 Δ C 代表所引起消費上之變動量，那麼，所謂邊際消費傾向當為 Δ C/ Δ Y。

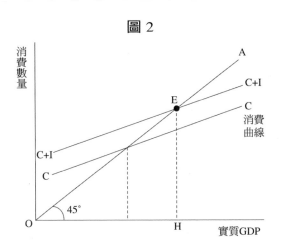

圖 2

（二）投資

　　所謂投資是指機器、設備、廠房以及存貨等等之增加的意思。現在要問的是這種投資的數量又是如何決定的？要解答這一問題，就須追問人們又何以要從事投資？人們之所以要從事投資，無非是要從投資中賺取利潤。於是，這就牽涉到兩個因素：第一是投資者對於一筆資本預期所能收到的報酬，第二是從事這筆投資所須負擔的利息。如果前者超過後者就值得去投資；反之，則不值得。

　　現為將事態簡化，假定所有的投資都是獨立

的、「自發性的」（autonomous），是一個「外生變數」（exogenous variable）。它的數量變動不是由於經濟社會之內在的變動（例如：所得的支出）而引起的。假定社會中的這種投資，不論國內生產毛額是多少都是200億元。現在就將這數量加到消費曲線 CC 之上（圖2），這樣就成為圖中之 C+I 線，是一條表示整個社會之總合支出的曲線，這一曲線與 45°線相交於 E。從這一點向橫軸畫一垂直的虛線，這樣與橫軸相交於 H 所表示的數量就是國內生產毛額的均衡之所在。這圖所表示的情形一般就稱為「凱恩斯之剪」（Keynesian cross）。正如在個體經濟學中認為一物之價格及其產量是決定於其供給與需要兩條曲線之相交的情況而稱之為「馬夏爾之剪」（Marshallian cross）同樣的道理，因為這種理論是由馬夏爾所創立的。雖然這一「45°線」的圖是薩繆森所畫出的，但這裡所說的理論則為凱恩斯所創立的。

那麼，何以見得呢？簡單地說，這是因為只有總合支出與總合產量是相等的，而在現代私有企業制度之下，只有當總合支出與總合產量相等時，才能達到

國民所得之均衡水準。因為在這種制度之下，各人之所以會提供產品到市場中去推銷，必須以能收回成本（包括自己應得之利潤）為前提。其究竟能否收回成本就要看社會中之總合支出的大小。如果此種總合支出大到等於總合產量，這一生產的總量自然會成為事實。

　　從圖2可看出E就是總合支出與總合產量相等的時候，這時總合支出為EH，總合產量為OH，而EH=OH。經過以上之說明以後，當可明白何以只有這一點相對應的國內生產毛額，也就是H，才是其均衡水準之所在了。很明顯的，如果國內生產毛額小於H，那麼，這時總合支出大於總合產量，於是企業界不但可以收回其生產成本，而且尚有超額利潤可得，這樣各廠商自會擴大生產。於是國內生產毛額就會增加了。相反的，如果國內生產毛額大於H，那麼，這時總合支出就小於總合產量，企業界將無法收回其為製造這一國所需消耗的成本。各廠商處在這種情形之下，勢必減少其產量，這樣國內生產毛額就要減少了。只有由E所決定的H才是總合支出等於總合產量之時。這時廠商可全部收回生產成本，但無超額利潤可得，

自不會再行變動。

（三）乘數現象

以上是假定自發性的投資的數量已經確定的情形之下，其與消費加起來對總合產量所發生的影響。現在如果這種投資增加了，按理應使國內生產毛額亦會引起增加。增加多少呢？要解答這一問題自可舉一具體數字的實例來說明。

假定目前想用 100 萬元去建築一個工廠。現在要問的是這種行為將會對國民所得發生何種影響。很顯然的，當使用這 100 萬元從事各種建築材料之購買與木匠、瓦匠、漆匠、以及其他必要工人之僱用時，這群人自然就收到了這 100 萬元。這就是這 100 萬元之支出對國民所得所產生的初步影響。但是，這群人收到這筆所得以後又將如何處理呢？很顯然的，在正常狀態之下，他們都會用一部分於消費品的購買，以維持生活，而將所剩下的儲蓄起來，以應將來不時的需要。現假定他們在收到所得之後總是將其中的 4/5 消費掉，而將其中的 1/5 留下。這樣，他們就將以 80 萬元

去購買各種消費品。可是，經他們這樣使用之後，這些消費品的生產者又得到了這 80 萬元。現假定這批人也總是將其中的 4/5 消費掉，1/5 留下，於是又有另一批人得到 64 萬元（為 80 萬的 4/5）。如此層層相因，不斷演化下去，則此 100 萬元的投資最後將使所得增加不少，其數量自可以下式求得：

$$\$1,000,000+\$800,000+\$640,000+\cdots\cdots$$

$$=\$1,000,000+\$1,000,000(\frac{4}{5})+\cdots\cdots+\$1,000,000(\frac{4}{5})^n$$

$$=\$1,000,000\left[1+\frac{4}{5}+(\frac{4}{5})^2+\cdots\cdots+(\frac{4}{5})^n\right]$$

$$=\$1,000,000(\frac{4}{1-\frac{4}{5}})$$

$$=\$1,000,000\times5=\$5,000,000$$

由此可見，其所引起增加之所得為原來投資數量的五倍，影響自很巨大。對於這種影響的數量就以

「乘數」（multiplier）一詞來表示（亦稱「投資乘數」，以其是因投資變動所引起的）。因此，所謂乘數實就是一個表示每增加一筆投資而使所得增加到何種程度的係數。

同時，從上例中可知乘數的大小實與一般人之願以多少新增所得用於消費有密切關係。如果一般人願將其新增所得多消費一點，則乘數就大；反之，則小。現在已知表示這種新增消費與新增所得之變動關係的是邊際消費傾向，既然如此，則乘數與邊際消費傾向之間的關係是非常明顯的：邊際消費傾向愈大，則乘數愈大。在上例中，邊際消費傾向為 4/5，所以乘數為五。如果邊際消費傾向減為 3/4，則乘數當為四。所得中消費掉了後所剩下的就是儲蓄，消費愈多儲蓄就愈少，邊際消費傾向愈大，就是邊際儲蓄傾向愈小。所以，當邊際儲蓄傾向愈小時，乘數乃愈大。從上例中，我們知道邊際儲蓄傾向為 1/5，乘數則為五。如果邊際儲蓄傾向增為 1/4，則乘數將減為四。因此，乘數自為邊際儲蓄傾向的倒數。

對於這種乘數現象的分析，一般都稱為「凱恩斯

的乘數模型」。這種模型是凱恩斯體系中的重要一環，因為它能解釋何以經濟社會中的獨立性的支出如上述的投資之輕微的變動必會引起國內生產毛額之較大的變動。這一模型是在生產資源未充分利用物價與工資都固定不變的假設之下而建立的。同時我們還假定這是一個孤立的經濟社會，其中沒有對外貿易。

討論到這裡，我們也許要問這種分析又如何能與上述之總合需要與總合供給的分析法相融合呢？實際上兩者並無差異，前者可以說是後者的一種特殊形態，是當生產資源沒有得到充分利用時的情形。上面我們曾指出乘數模型的一個最基本的假設是物價與工資在短期間是固定不變的。這種假設是太簡化了，實際上許多物價都會隨情況的變動而立即加以調整。但是，當生產資源沒有獲得充分使用時，物價與工資的確是固定的。既然如此，這時的總合供給曲線就是平坦的了，這些獨立性的支出如投資若是增加了，其對於整個市場的影響自然只會引起生產數量之增加而已。

基於上述的情況，可知乘數模型對於經濟蕭條時的分析是很有用的，而凱恩斯當初之所以提出這一

模型就是為了解救當時世界經濟面臨大蕭條的困局。
到了生產資源的利用逐漸增加而到了充分的階段，這
一模型總合需要若再增加自不能再促使總合產量的增
加。這時乘數模型自無法奏效，而須以總合需要與總
合供給模型來解釋了。

（四）乘數與加速數的互動

　　當薩繆森於 1937~1938 年在哈佛上韓森教授之著
名的財政政策的研討課時，得到韓森的啟示，認為乘
數理論與「加速原理」（acceleration principle）兩者之間
有互動作用，要薩繆森運用他的數學技巧對此加以探
究。所謂加速原理是由美國學人約翰・莫萊士・克拉
克（John Maurice Clark）所提出。他認為資本財之變量
與價格的波動比它們所製成的消費品的產量與價格的
波動要大得多，如果對於消費品的需要仍在增加，則
其增加率的變動就會引起資本財部門之更大的變動。
如果對於消費品之需要不再增加就會引起對於資本財
之需要的大減。這就是「加速」的意思。韓森認為兩
者之間會發生互動作用，他自己曾簡單地加以研究。

薩繆森就利用韓森的模型再做研究，結果就促使他寫出了「Interactions Between the Multiplier Analysis and the Principle of Acceleration」與「A Synthesis of the Principle of Acceleration and the Multiplier」兩文，成為他在總體經濟學上最初的兩篇著作。（注2）

他設定國民所得之增加乃來自三個項目：政府的赤字支出，由於過去之公共支出所引起的私人消費支出，與私人投資（對於這種投資假定它是隨著所得增加而增加的）。他試以不同的邊際消費傾向與加速數加以測定，結果發現其對社會經濟會產生不同的影響。他發現韓森是將邊際消費傾向定為 0.5，結果使社會經濟產生一種繼續循環波動現象。如果這些參數是不同的，則會促使社會經濟發生不同的波動。有時波動不久就會中止，有時則會波動愈大，而無法收斂。

薩繆森的發現使他在動態分析上樹立聲譽，特別重要的是他使用一個數學模型來表達各種參數的變動，所能產生的各種不同的後果。這就使薩繆森要說，與一般印象相反，如果數學方法能加以適當使用，則不會「使經濟理論更為抽象」，而「能成為銳

利的工具，以便對更現實的更複雜的假說加以分析。」
（注3）

　　一般都將這種乘數與加速數互動的發現歸功於薩繆森的貢獻。但薩繆森則認為這應歸功於韓森，雖然韓森自己一直沒有這樣自居。（注4）

　　以上所提出的兩種分析就是薩繆森所傳述的凱恩斯的所得決定理論的要義，是他最早在《經濟學》一書中所闡揚的。

注1： 這種理論在薩繆森的《經濟學》中有透徹的表達，本章所述的就是以它為依據。

注2： 兩文均刊載於 Paul A. Samuelson, *CSP*, vol.2, no.82 and no.83。

注3： 同上注書，p.1110。

注4： 同上注書，p.1123。

第七章　新古典綜合之概念的提出

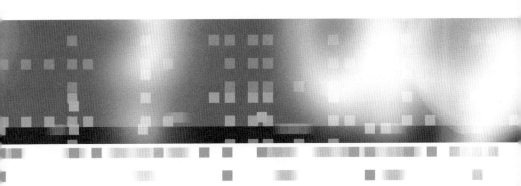

一、新古典綜合的意義

　　前面已說過，薩繆森對現代經濟學的貢獻是全面的，對其中每一部門幾乎都做過縝密的分析，而提出獨到的見解。但如以對現實世界的影響最廣大者論，則應推他的「新古典綜合」（neoclassical synthesis）了。因為他這種理論主宰著二次世界大戰後的世界經濟達二十五年之久，當時所有民主國家幾乎莫不奉為經濟決策的圭臬。這種理論無疑是當時支配世界經濟學界的主流，是繼馬夏爾的新正統思想。唯其如此，諾貝爾獎的得主克萊因說：「新古典綜合的概念是顯示薩繆森（在經濟學上）之任務與影響的更為正確的標幟。……我相信這是薩繆森在經濟學專業上的建樹之更為概括的描述。」（注 1）同時，另一諾貝爾獎得主杜賓也說：「薩繆森對於總體經濟學之最大的貢獻是新古典綜合，他是這一概念之主要的建立者。」（注 2）

　　那麼，什麼叫做「新古典綜合」？簡單地說，就是要將新興的凱恩斯理論納入古典的傳統之中，使整套經濟理論更具有說明事象的力量，以為解決各種經濟

問題的張本。

　　這種綜合之形成實肇端於凱恩斯在其名著《一般理論》中的一段話。他曾如此寫著：「如果中央控制能產生一個接近充分就業的生產總量，那麼，古典理論就可接著完全發揮其功用了。假設生產總量為已知，也就是它已由古典思想之外的力量所決定，那麼自不會再對古典理論有所質疑。它那套人們基於自利動機，可以決定生產什麼，可以決定其所需的各種生產要素的比例，並由而決定各種生產要素所能分配到的所得的說法，自然可以成立了。」（注 3）

　　薩繆森就據而做進一步的發揮。儘管另一群以羅賓森（Joan Robinson）夫人為首，曾在劍橋大學親聆凱恩斯的教誨的學人則不以為然，認為這完全悖離了凱恩斯理論的真諦。（注 4）但他仍認為這種綜合的觀點是確實的。他在 1951 年就曾如此說：「我的觀點是一種新古典一般理論的觀點，這種理論是要將凱恩斯與新凱恩斯的分析中之切合目前世界情況的部分盡量納入古典傳統中。我相信在其一般綱目上，這種觀點是馬夏爾、華爾拉與威克賽爾都會接受的，如果他們現

在還活著的話，我還相信亞當・斯密也會同意其中主要的部分」。（注5）

　　薩繆森對於「新古典綜合」的發揮最基本的是出現於他所著的《經濟學》中。在其第3版中，他更明白地表示：「它（新古典綜合）將彌補總合的『總體經濟學』（macroeconomics）與傳統的『個體經濟學』（microeconomics）之間的裂縫，將它們合為相互補充的整體。」（注6）在這裡可以對這兩種經濟學的涵義略加說明。所謂「總體經濟學」是討論整個經濟社會的行為的經濟學，包括：生產總量、所得總量、物價水準、國際貿易、失業以及其他總合性的經濟變數；「個體經濟學」則分析經濟社會中之個別行為的經濟學。例如：一物的價格如何決定、各人的生計如何處理、廠商的營運如何進行等等都是它要研究的。後者是亞當・斯密所創立的，前者則為凱恩斯之後才正式成立的。因此，新古典綜合的意思就是「如果現代經濟學將任務達成了，使民主社會不再蒙受失業與通貨膨脹的病患，那麼，它的重要性就會消失，而傳統經濟學（它所關心的就是充分就業的資源之妥善的運用）

就可真正發揮其功用了。」（注 7）

二、新古典綜合之概念的成因

以上是薩繆森所提之「新古典綜合」的要義。現在進一步探討他何以要提出這種理論。主要的是他認為古典理論所揭櫫的市場經濟，並不能如其所述的發揮顯著的功能。古典學派經濟學家都強調競爭的市場經濟可以充分促進資源運用的效率，導致生產的增加。他們都認為這種經濟本身就具有一種自動調節的機能，使市場中供求雙方能歸於均衡，故有內在的穩定性。他們更認為這是經濟自由的根源，也是獲得政治自由的方法。再就總體經濟論，由於整個經濟具有上述之自動調節的機能，各種工資價格與利率具備充分機能性，最後必可導致所有資源的充分就業。所以，在他們看來充分就業是社會經濟的常態，這一充分就業的水準決定於市場中供給與需要相交的一點，失業是暫時的，不久就會歸於絕跡。

在這樣一個經濟社會中，政府自沒有從事干預的

理由。因此，他們認為政府的干預是不會增進經濟福利的，只會傷害市場本身的適應能力，造成生產效能的消減，政府所應採取的政策是「自由放任」。

　　凱恩斯學派的經濟學家則認為不然，儘管市場能發揮許多功能，但仍有賴於政府的協助，方能肇致宏果。古典學派之所以主張「自由放任」就是基於亞當・斯密所提出的「一隻看不見的手」理論。他曾如此說：「每個人會設法利用他的資本，以使其產生價值最大的物品。他是不會存心要去增進公共利益的，也不知道究竟會增進多少公共利益。他只在圖謀自己的利益。在這裡與其他場合一樣，他是受一隻看不見的手所引導，達成了一個他根本不想達成的目的。他在追求自己利益時無意中所增進的社會利益往往比他真想要增進社會利益時所能獲的還要多」。（注8）

　　亞當・斯密這種「一隻看不見的手」理論是有相當道理，但薩繆森卻認為不能通過現時的博士學位之口試這一關，因為他不能說明他所指的「公共利益」究竟是些什麼。在 20 世紀以前，他的皈依者，如法國的巴士夏（F. Bastiat）都認為「看不見之手的理論」所

指的有兩件事：（1）它能使可能得到的全部滿足為最大；（2）凡是不受壓力而由個人自願促成的事物一定會對他們都產生好的（或者最好的）後果，而市場中的活動則都是自願的。

但薩繆森看來，這兩點解釋都是錯誤的，因為他認為它們都忽視了原已存在之土地、財產、先天的與後來習得的才能之分配是否公平合理。（注9）如果原來的財富的分配並不公平，這時如能對之予以改正，使富有者手中之財富轉入貧窮者之手，則由於同樣一筆財富在前者手中的效用不若在後者手中所能發揮的大，結果自可使其發揮的全部滿足增加。既然如此，我們又如何能說這隻看不見的手運作之後所產生的競爭均衡是一個理想的境界，而不必有所更動。

因此，他認為「看不見之手的理論」並不是說在自由放任的競爭體制之下，所分配出去的每一塊錢的投票能力都與其倫理價值相等。它的正確解釋是財富與經濟的投票能力之原始分配，一旦經過非自由放任的方法加以調整，而達於公平合理的地步時，則完全的競爭市場就能有效地完成生產與經濟財物的配置，

而沒有任何浪費。這時就再不能使有些人受益而不同時以他人福祉為犧牲。」（注 10）亞當‧斯密則沒有對此有明確交待，一直到 1938 年才經卜格森寫一篇論文予以點破，而使人瞭解「看不見之手的理論」的真諦。（注 11）他這篇論文為「Reformulation of Certain Aspects of Welfare Economics」。

基於以上的敘述，我們當可瞭解何以凱恩斯學派認為在現代市場經濟政府仍有其應負的任務，不能置身事外，也就是不能自由放任。

接著，討論市場經濟與自由的關係。市場所反映的是各種經濟活動，並不追問從事這些活動是什麼人，這種市場關係沒有姓名的現象是資本主義社會的一個最吸引人的特性，因為這樣就可讓許多人享受更多的自由。例如：許多受政治迫害的人就可在私人部門謀生。不過，薩繆森認為「在混合經濟體制的社會中，人們對於不同意見的容忍，通常都要比一個純粹價格經濟社會中的還大，因此，在前者個人所享的自由與保障就要比後者大。」（注 12）他舉挪威、瑞典與英國為前者的實例，而以美國為後者的實例。在前者

中，人們所享的經濟自由也許要少一點，但對於一般
人的政治主張則不大追究。反之，在美國，則當其在
個人主義最興盛的 1920 年代似乎也正是對叛異意見最
不能容忍的時代。（注 13）

　　薩繆森還認為古典學派人士往往將市場與自由
視為一體，而「不能體認價格制度就是一種強制的方
法，而且應該是一種強制的方法。……自然界根本就
不算富有，不能使我們每人所想要的物品都能享用。
唯其如此，大家才須對所需的物品支付價格，透過運
用有限的貨幣從事消費而不致過度。」（注 14）

　　古典學派人士還認為個人自由只有在自由企業的
社會才能滋長、才能保全。例如：海耶克在其所著的
《到奴役之路》（*The Road to Serfdom*）中，就曾如此認
定。但薩繆森認為「海耶克提出福利國家必會導致自
由之全部喪失的夢魘已有十年，今天挪威、瑞典的人
民所受的自由則為前所未見。與《到奴役之路》的邏
輯相反的，像智利與新加坡等國，其人民所享之經濟
自由是很多的，但都生活於獨裁政治之下，個人自由
備受壓制。」（注 15）所以，經濟自由與政治自由兩者

之間並無一定的關聯。

最後，我們可以討論市場經濟與資源之充分利用問題。從過去慘痛經驗中，已可充分領悟「看不見之手」的運作，並不能保證資源被充分利用。今後唯一的辦法是採取社會行動以促進充分就業的出現。這也是由一民主的政府對市場經濟加以調節，以維持其繁榮與進步。如何調節呢？這就要運用科學的總體經濟政策。他說：「在混合經濟社會中，許多決定社會物質資源如何運用的過程是由市場與價格機能所承負的。但政府則可以擬訂遊戲規則，並提供日益重要的大眾所切需的公共財。這時如能運用科學的總體經濟政策 —— 變動預算赤字與盈餘的財政政策及控制貨幣供給購買力與信用的貨幣政策 —— 則混合經濟社會必能永遠消除大眾失業與長期蕭條。」（注 16）

三、新古典綜合的政策意涵

　　在前面第一節已說明薩繆森所謂新古典綜合的意思是如果現代經濟學將任務達成了，那麼它的重要性就消失了，傳統的經濟學就可真正發揮其功用。現在要問的是現代經濟學又如何善盡其職責呢？誠如上面所說須由政府去推行適當的總體經濟政策 —— 財政政策與貨幣政策，以調節總合需要，而達成充分就業的水準。這就是他這種新古典綜合之概念的政策意涵。現在可先將這兩種總體經濟政策的涵義略加說明。所謂財政政策是政府使用賦稅的課徵與公共支出的變動以影響整個經濟社會的措施。貨幣政策則指政府通過貨幣與信用之數量的調節以影響整個經濟社會的措施。接著可以對於此項政策的實施，提出幾項主要原則加以說明：

　　第一、總體經濟政策可以用來達成實質的經濟目的，特別是充分就業與國民生產毛額（這與前述之國內生產毛額的差異前已將之說明，是在這一概念是以國民為衡量的界限，而前者則以國境為衡量的界限）

的成長。這不是說對於名目的後果 —— 特別是通貨膨脹 —— 可以不顧。例如：在 1960 年代早期，美國對所要達到之失業與實質國民生產毛額目標的選擇就將可能引起通貨膨脹的風險考慮進去。

第二、需要管理政策的運用是積極性的，完全針對經濟實況及其可能發展的預測而擬訂，以期達到經濟穩定的目的。凱恩斯學派與凱恩斯一樣都相信市場資本主義充滿不穩定的因素，隨時都可發生使經濟陷於動盪的情勢，決策者就須不時予以因應措施，以減少之。所以，總體政策是有穩定作用的。

第三、充分就業的達成固然很重要，但這應視為許多要想達成的目的之一，只能進行到所產生之利益超過成本時為止。這也就是在充分就業時，資源稀少性的基本事實也仍然存在的情況下，仍須考慮如何將之使用於有利的途徑。「我們都希望每個人都能被僱用，不要任之賦閒；但也希望他們都能在個人自由的條件之下去擔任有用的工作」。（注 17）這就與凱恩斯當時的主張並不一致，他當時認為只要能創造工作的措施，則不論能創造什麼工作都沒有關係，因為都可

進而提高全國的消費傾向。現代的凱恩斯學派則認為這是不必要的，因為這是一種浪費。但這不是說要以較少的資源去達成所要達成的目的。薩繆森絕不認為現代新古典的福利經濟學會認為失業所引起的資源浪費是適當的。

　　第四、就理論上說，充分就業可以由不同的產品組成、不同消費與投資以及不同公私部門的配合而達成。當充分就業能通過經濟穩定措施而達成後，「純粹古典」的問題就可提出：究竟應從當時國民所得中提出多少做為儲蓄？究竟應以什麼速度去促成經濟進步？（注 18）「運用適當的財政與貨幣政策，經濟可以達成充分就業，同時也可得到所想要的資本形成與經濟成長。」（注 19）薩繆森認為為了增進資本形成，以促進國民生產毛額的成長，政府可以「公共的節儉輔助私人的節儉」，可以緊縮的財政政策（公共支出減少，賦稅課徵增加）與擴張的貨幣政策（貨幣數量增加，利率減低）去促成充分就業，結果投資當可增加，消費當可減少，經濟成長率也提高。薩繆森還指出政府可以在科學研究、學校教育與公共衛生方面多

事投資，這些投資對於技術進步的促進，以及經濟成長的增加所能發生的效果是非常宏著的。

第五、長期以來，一般都認為所得不均是促進快速經濟成長的必要條件。薩繆森則不以為然。他不相信「自由的人民結合起來去擬訂一個良好社會之規則與法律時，會同意對市場運作所產生的不均情勢不加改變的社會公約。相反的，處在這種困境下，人們大概會以絕對多數通過建立以負擔能力為依據的累進的稅率。」（注20）不但如此，戰後的經驗得知，減少不均並不是經濟成長的障礙，相反的，分配愈平均，成長也愈快速。

基於以上所述，薩繆森總結地說：「一個社會可以有充分就業，同時也可以有一個它所想要的資本形成率，兩者都可以在符合經濟合理賦稅所達成之所得分配的情形之下而達成。」（注21）

注 1： L. R. Klein, "Paul Samuelson as a Keynesian Economist", in M. Szenberg, L. Ramrattan and A. Gottesman,ed., *Samuelsonian Economics and the Twenty-First Century*, Oxford University Press, 2006。

注 2： James Tobin, "Macroeconomics and Fiscal Policy", in E. C. Brown and R. M. Salow, ed., *Paul Samuelson and Modern Economic Theory*, McGraw-Hill Book Co., New York, 1983, p.197。

注 3： J. M. Keynes, *The General Theory of Employment, Interest and Money*, Harcourt, New York, 1936, pp.378~379。

注 4： Joan Robinson and Francis Cripps, "Keynes Today", *Journal of Post Keynesian Economics*, vol.II, no.1, 1979。

注 5： Paul A. Samuelson, "Principles and Rules in Modern Fiscal Policy: A Neoclassical Reformulation", *CSP*, vol.2, p.1271。

注 6： Paul A. Samuelson, *Economics*, McGraw-Hill, 3rd ed., New York, 1955, p.vi。

注 7： 同上注書，p.11。

注 8： Adam Smith, *The Wealth of Nations*, Random House, New York, 1937, p.423。

注 9： Paul A. Samuelson, "Personal Freedoms and Economic Freedoms in the Mixed Economy", *CSP*, vol.3, p.624。

注 10： Paul A. Samuelson, "Adam the Immortal", *CSP*, vol.4, p.864。

注 11： 同上注書，p.863。

注 12： 同注 9 書，p.628。

注 13： 同上注。

注 14： Paul A. Samuelson, "Modern Economic Realities and Individualism", *CSP*, vol.2, p.1415。

注 15： Paul A. Samuelson, "The World Economy at Century's End", *CSP*, vol.5, p.882。

注 16： Paul A. Samuelson, "Economic Growth", *CSP*, vol.3, p.706。

注 17： Paul A. Samuelson, "Full Employment versus Progress and Other Economic Goals", *CSP*, vol.2, p.1291。

注 18： 同上注書，p.1321。

注 19： 同上注書，p.1329。

注 20： Paul A. Samuelson, "Tax Reform" in *Newsweek*, September 27, 1976, p.82。

注 21：Paul A. Samuelson, "The New Look in Tax and Fiscal
　　　　Policy", *CSP*, vol.2, p.1330。

第八章　費利曼抗拒凱恩斯革命

　　薩繆森的「新古典綜合」所襯托出的總體經濟政策經過戰後二十多年的推行以後，世界經濟的確呈現出一片繁榮與進步的景象。但到了 1970 年代以後，全球各國則普遍地發生通貨膨脹的現象，同時伴隨存在的還有嚴重的失業，形成了所謂「停滯膨脹」（stagflation）的局面，而且還久久不能消逝。於是一般對於凱恩斯學派的主張就逐漸喪失信心，而原來對凱恩斯主義持異者的聲勢也就隨而逐漸增漲。在這群人中反對凱恩斯主義最徹底的恐怕要推薩繆森在芝加哥大學時的學長費利曼了。由於他反對凱恩斯革命的是基於反對貨幣數量的變化，在經濟穩定之謀求上所發生之作用的重視，英國人乃於 1970 年將他這種主張稱為「貨幣主義」（Monetarism）。雖然費利曼感到該名號不很妥切，而寧願使用傳統的貨幣數量學說一詞，但由於一般都已這樣稱了，他就隨俗了。（注 1）我則由於他特別重視貨幣因素，甚至認為是唯一足以引起經濟變動的因素，就將之譯為「唯貨幣主義」或「唯貨幣論」，本文將他這種主張略做論述。

一、從貨幣理論的發展說起

費利曼將現代貨幣理論的發展分為三個階段，一為原始階段，二為革命階段，三為抗拒革命（counter revolution）階段。

（一）原始階段

先以原始階段費雪所揭櫫的貨幣數量學說論，它的精義可就他所提出的 $MV=PT$ 這一方程式來表示，這就是貨幣數量（M）乘以貨幣流通速度（V）等於價格（P）乘以交易數量（T）。根據這種理論，貨幣流通速度是可以視為非常穩定的，其快慢的決定是與該方程式中之其他變數無關的。因此，貨幣數量的變動所發生的影響不是反映於價格上，就是反映於產量上。一般地說，經濟社會上所發生的短期波動就反映出貨幣數量的變動。同時，在任何一段相當長的時期中，物價變動的趨勢也反映出在該一時期中之貨幣數量的情況。於是，一個國家為使其經濟能夠穩定，貨幣政策就成為一個主要工具。這是在凱恩斯革命以前的理

論，是為一般人所接受的。

（二）革命階段

到了 1930 年代，發生了凱恩斯革命，這場革命是因世界經濟大蕭條而引起的。當時許多人士以為貨幣政策已被推行過了，卻於事無補，因而就推論貨幣政策是無效的，至少就其對經濟不景氣的拯救論是如此。為了說明何以增加貨幣供給不一定會促進經濟擴展，許多人就提出了一些比喻。例如：「你能將一匹馬引導到河邊，但你不能要牠飲水。」、「貨幣政策就像一條繩子，你能將它拉開來，但不能將它推出去。」（注 2）

凱恩斯並不否定費雪方程式的存在，但他認為其中的流通速度不是非常穩定的，而是會時常變動。他說如果貨幣增加了，它的流通速度就會減少，結果對於方程式的右端（物價與產量）就不會發生任何影響。同樣的，如果方程式右端的數量增加了，結果也不會引起貨幣數量的增加，而只會使其流通速度增加而已。因此，他認為貨幣數量的重要性並不大，最多不過是其數量的增加可以使利率降低而已。在這裡他

就提出他的新理論，認為就經濟波動論，關係重大的不是貨幣數量，而是社會中不受當時所得數量影響的自發性的支出。這所謂自發性的支出主要是指產業界的投資與政府的支出。於是，凱恩斯就漠視了貨幣在謀求經濟穩定過程中所發揮的功能，而認為經濟大蕭條之所以發生乃由於投資需要之減少，而投資需要之減少，則反映於投資機會之稀少上。投資既已減少，一般人之所得自然也減少，這種情形不斷演變下去，經過所謂乘數效果的發揮，必定肇致整個經濟的崩潰。既然如此，一個國家要拯救經濟不景氣自不能再依賴貨幣政策，而應轉而運用財政政策，在政府支出與稅收上加以調節，方克有濟。

　　凱恩斯所提出的這種理論以及由而所孕育出來的政策，到了 1940 年代後期幾乎深入人心而被一般決策人士奉為圭臬。其對世界經濟所發生影響之深遠自可想見。（注 3）

（三）抗拒革命階段

　　正當凱恩斯思想廣為人們所篤信時，許多事態

的發展乃使學術界中許多人士對之發生懷疑。第一項就是第二次世界大戰結束以後各國經濟上所表露的情況。根據凱恩斯理論的分析，當時許多經濟學家以及一般人士都認為在戰爭結束以後，軍事支出中止了，而投資機會則很稀少，這樣必會肇致經濟的蕭條。為了防止這種情形的發生，就主張推行低廉貨幣政策，使利率降低，以激發投資與其他支出。但是，事實上，這種悽慘的預測落空了，戰後世界經濟所面臨的不是經濟緊縮，而是通貨膨脹。而這種通貨膨脹之所以日益嚴重，則上述從凱恩斯理論中所導致的低廉貨幣政策可以說是始作俑者。

但是，促使一般人對於凱恩斯理論之價值予以重估的最有力的因素，莫過於是費利曼從《美國貨幣史》研究中所提出的一些相反的論據。他認為 1930 年代美國經濟大蕭條之所以發生並不是由於貨幣政策的無能，而是由於貨幣政策沒有確當地運用。因為他發現在 1929~1933 年間，美國聯邦準備局（美國的中央銀行）將貨幣供給減少了 1/3，這就使經濟蕭條所經歷的時間延長，所受的程度更為沉重。如果當時美國當局

能善用貨幣政策，增加貨幣的供給，這場大蕭條是可以緩和，甚至可以避免的。（注4）

　　其次，他從實情研究中還發現凱恩斯認為貨幣流通速度是可以隨著貨幣數量增加而減緩的說法是錯誤的，他認為貨幣流通速度反而會加重貨幣數量變動的影響。例如：當1929~1933年間貨幣供給減少了1/3時，他發現貨幣流通速度也趨於減低。反之，當貨幣數量急速增加時，流通速度亦增加得很快。由而他就提出一種新理論，認為貨幣數量的變動與所得的變動之間保持著一種一致性的關係。既然如此，貨幣政策的運用對於所得水準自會發生重大的影響。

　　最後費氏又從美國經驗中發現一些特殊情況，這就對正統的凱恩斯主義構成了重大的打擊，因為這些情況都牽涉到兩個主要的問題，一為究竟貨幣數量的變動是評斷貨幣政策之執行的較佳標準呢？還是利率的變化？凱恩斯學派認為利率的變化是較佳的標準，但新的發現則認為利率的變化是一不可靠的標準，貨幣數量才是中央銀行所應關注的。另一涉及的主要問題是要比較財政政策與貨幣政策各自所能發揮之效果

的大小，所謂貨幣政策是指貨幣數量的變動而將政府
支出與稅收視為常數。通常是如果政府要推行擴張
性的財政政策，它就不課稅而即行支出，這樣所造成
之財政赤字就以增加貨幣之發行以彌補之；反之，如
果發生財政盈餘，則可將這些貨幣收回。但是從分析
的觀點論，必須將財政政策與貨幣政策分開來考慮。
凱恩斯學派認為以對於所得水準的影響論，財政政策
本身就是重要的，不論其所需之經費是由向人民借債
而來，還是由增加貨幣之發行而來，其效果都是一樣
的。費利曼則否定這種命題，認為財政政策本身大部
分是無效的，關係重大的是貨幣數量發生什麼變化。
因為如果政府支出所需的經費是由貨幣發行而來的，
這是貨幣政策。如果是從向人民募債而來的，則政府
支出是以將錢借貸給政府者之支出的減少為代價，其
對整個經濟的影響就這樣相互抵消了。（注5）

　　從以上之敘述中，可知在費利曼的心目中凱恩斯
革命所引起的問題很多，因而有所謂抗拒革命之議。
數十年來他的學術生涯可以說都集中於對此問題的研
究，現在可提出他對於貨幣政策的具體意見。

二、貨幣政策的任務

　　凱恩斯學派心目中的貨幣政策對於經濟穩定的講求是沒有功用的，但費利曼則認為根據他對實際情形加以研究後這種判斷是錯誤的。他認為貨幣政策的運用是能穩定經濟的波動。不過，儘管如此，他認為貨幣政策所負荷的不能過於沉重，因為它不是萬能的。為了防止這種情形的發生，他認為必須認清貨幣政策的任務，什麼是它能達成的，什麼又是它無法達成的，現在就將他在這方面的意見加以敘述：

（一）貨幣政策不能達成的任務

　　他在這方面提出兩點：

1. 貨幣政策無法釘住利率

　　費利曼認為低廉貨幣政策的失敗，並不是一件孤立的獨特事例，而是揭示經濟當局要將利率（或其他任何價格）釘住高於或低於市場水準超過一段時間之普遍的無能為力。雖然擴張的貨幣政策可以抑制利率之上漲於一時，但它不能將之長期釘住。現可將其理

由略加說明。

　　貨幣當局要減低利率自可向市場購買債券。這樣就可使債券的價格上漲，而減少它的收益，但這一過程亦增加了銀行可獲得的準備（reserve）以從事信用膨脹，結果自可使貨幣數量大量增加。這就是何以中央銀行以及一般金融界人士相信，貨幣數量之增加可以導致利率降低的原因。同時，經濟學家亦認為這的確是事實，因為在他們的腦海中存在著一條斜率為負的「流動性偏好」（liquidity preference）曲線，從這一曲線中亦的確可以看到只有降低利率才會使人願意增加保留現金的數量。但這是初期的現象，這種貨幣的增加自會刺激支出的增加，而一人之支出即為他人之所得。這樣各人所得增加後，自會增加對於流動性的偏好以及對於借款的需要，同時也可能會引起物價的上漲。結果就使實質的貨幣數量減少，增加利率上漲的壓力，初期發生的利率下降現象就消逝了。最後如果人們預期物價還會上漲，這時借款者就會願意支付貸款者所要求的較高的利率。這種物價上漲之預期效果是逐漸形成的，同時一旦形成也是逐漸消逝的。

2. 貨幣政策無法釘住失業率

　　對於這一問題，費利曼提出一個「自然失業率」
（natural rate of unemployment）的概念。這與凱恩斯學
派基於「菲力浦曲線」（Phillips curve）所提的失業率與
通貨膨脹之間保有「抵換」（trade-off）關係的概念是不
同的。所謂「菲力浦曲線」是一條以一個二度空間平
面圖中兩條相互垂直的線之間所畫成的一條曲線，以
其中之縱軸代表通貨膨脹率，橫軸代表失業率，指出
失業率的減低是以通貨膨脹率之增加而達成的，反之
亦然。費氏之自然失業率的理論則表示，任何經濟社
會的市場結構都有一個與其符合的均衡失業率，也就
是與其中實質工資率結構之均衡相符合的失業率。這
一失業率就是自然的失業率，任何想要使市場的失業
率減少到這一均衡的自然失業率之下，在短期內可以
增加通貨膨脹而達成，但在長期間則必定造成通貨膨
脹之不斷增加。換言之，在短期內菲力浦曲線是可以
成立的，但在長期間該曲線則無法存在，而會成為一
條與橫軸垂直的線。何以如此呢？簡單地說，其原因
與貨幣政策之不能釘住利率一樣，立即發生的後果與

後期發生的後果並不相同。（注6）現可分析如下：

假定貨幣當局想要將市場的失業率釘住在自然失業率之下，這時它就可推行擴張性的貨幣政策，增加貨幣的供給，以使利率下降而促成總合需要的增加。總合需要既已增加，廠商自願增加生產，至於對所需之工人自然願意以較高的名目工資加以聘僱。因為在他們看來，這時成本固然增加了，但由於總合需要之增加，製成的物品可以以較高的價格出售，這樣實質工資則已減低，自然感到有利。另一方面，在工人看來，名目工資是增加了，而一般物價則未增加，無異是實質工資的增加，自然也願意接受聘僱。所以這時這種擴張性政策之推行的確有效，只要物價上漲（通貨膨脹）就可使失業減少，兩者之間的確有「抵換」關係。但這只是初期效果，到了相當時日以後，工人必會體認到一般物價上漲而自己的工資卻未增加的事實。這時他們必定要求增加名目工資，以使其實質工資不受損失。在這種情形之下，廠商的利潤自然也隨而減少，一直減到原來的水準而後已。既然如此，他們自然也就不會增僱勞工，以增加生產了。於是市場

中的失業率亦就恢復到原來的自然失業率。因此，費利曼就說在通貨膨脹率與失業率之間有短暫的抵換關係，但沒有永久的抵換關係。（注7）

費氏還進一步地說，「為了避免誤解，讓我強調使用『自然』失業率一詞並不是表示它是不可改變的、不會變動的。相反的，許多決定它的水準的市場特性都是『人為』的，以及政策決定的。例如：在美國法定的最低工資率……與工會的力量都會使自然失業率比沒有受到這些情況影響時還高。就業交換、工作缺額以及勞工供應之信息的改進等等，就會使自然失業率趨於減低。使用『自然』這一名詞與威克賽爾使用這一名詞同一理由 —— 想要將發生影響的實際力量與貨幣力量分開。」（注8）但是，儘管如此，許多凱恩斯學派人士還是認為「『自然』一詞有表示『希望造成的』（desirable）意思，主張將之改稱為『非加速通貨膨脹的失業率』（non-accelerating inflation rate of unemployment, NAIRU）。」（注9）

（二）貨幣政策能夠達成的任務

費利曼認為貨幣政策所能做的第一件也是最重要的事，就是防止貨幣本身成為經濟波動的根源。例如：經濟大蕭條根本就不會發生，如果當時美國貨幣當局能避免觸犯錯誤，就算不幸發生了，也不至於到達如此嚴重的地步。

第二件貨幣政策能做的事，是為整個經濟社會創造一個穩定的環境。如果有了這樣的環境，不管生產者還是消費者，雇主還是員工，都會充分地發揮各自的才能，以促進經濟之穩定發展。

最後，貨幣政策還能抵消其他政策所引起的經濟波動。例如：假若政府預算有發生巨大赤字之可能時，貨幣政策就可減少貨幣增加率以節制之。這種措施可能會引起利率暫時的上漲，但是通貨膨脹的加速被抑制之後，在長期間可能使物價與利率都下降。不過，費利曼特別指出的是，貨幣政策的這種功能非常有限，因為基本上我們沒有具備充分知識能體認到這些波動之發生，或者預測它們所發生的影響，以及貨幣政策對於這些影響如何設法抵消。（注 10）

（三）貨幣政策應如何推行

我們已將貨幣政策所能做的說明了，接著要問的是如何能將它推行得妥善？費利曼只想提出兩項基本原則。

第一，貨幣當局應該控制它所能控制的數量；第二，貨幣當局應避免政策上急劇的轉變。要達成以上這兩大原則，費利曼認為貨幣當局就須公開採取一種可以達成一個特定的貨幣總量之穩定增加率的政策，這種政策的推行應事前訂定規則（rule）以便貫徹。這樣可以增進工商界對於貨幣穩定的信心，這種信心絕不是聽由貨幣當局自行權衡的政策所能促成，甚至就是它有時也確能保持貨幣數量之穩定增加。（注11）工商界對貨幣穩定有了信心後，自會加強其發揮企業精神之意願，竭盡其才智，以事各種資源之妥善的運用，而產生更為宏著的效率。

三、通貨膨脹的起因與消除

為了增加一般人對於通貨膨脹的瞭解，費利曼還

特別具體地指出它的起因以及消除的方法。

（一）起因：貨幣增加超過貨物增加

　　首先他指出所謂通貨膨脹是物價水準持續上漲的過程。如果貨幣增加，物品亦同速增加，物價當會穩定：有時物價甚至還會逐漸下降，因為人們所賺的所得多了，自會多留一些以貨幣來保存的財富。通貨膨脹是當貨幣增加的速度超過貨物增加的速度相當多時發生的，貨幣數量增加速度愈快，通貨膨脹率也就增加得愈多，這是經濟學上的一個牢不可破的論據。

　　物品產量是受運用之物質資源與人力資源以及使用這些資源的知識與技術所限制的，它最多只能逐漸增加。以美國論，過去一百年間每年平均產量的增加只有3%。再以二次世界大戰以後的日本論，其在成長最快的時期每年平均產量的增加也只有10%。但貨幣的發行則不受任何限制，因為今天各國的貨幣都是用紙印成的，要印多少，就有多少。由此可見，產量的增加比起貨幣的增加實在是微不足道。因此，費利曼就常說，不論何時何地，通貨膨脹總是一種貨幣現

象，而在現代世界則為一種印刷機現象。（注 12）

今天各國的貨幣固然都是紙印成的，但享有這種特權的卻只有政府。具體地說，是代表政府的中央銀行。所以，貨幣數量完全是政府決定的，如其增加過多以致形成通貨膨脹，則其責任就完全落在政府身上。

（二）貨幣增加的根源

那麼，貨幣數量又何以會增加到超過生產量之增加呢？這基本上就是由於政府支出的增加。政府支出的增加如能以增加課稅與向大眾洽借的方式來支持，自不會引起貨幣數量增加與通貨膨脹。因為這時政府支出固然增加了，人民的支出則須相對地減少，兩者相互抵消，自不會促成物價水準的上漲。但是，課稅不是人民所歡迎的，許多人也許希望政府增加支出，但很少人會贊成增加賦稅。同時，舉債也不是人民所歡迎的，因為這樣他們自己的儲蓄就不能用來投資，而要用來支持政府的赤字，他們認為這是不正常的。處在這種情形之下，政府就只有增加貨幣數量來支應自己的支出。結果是整個國家之總合支出增加了，而

貨物的數量則未增加，通貨膨脹又豈能避免？（注 13）

（三）消除之道在減少政府支出

通貨膨脹既然是由貨幣供給增加過多而形成的，那麼，如要制止通貨膨脹自然也只要減少貨幣供給的增加率就可以了，所以方法很簡單的，只是真正做起來則會發生許多困難，其癥結所在就是一般政府往往缺乏採取這種措施的政治意願，其所以如此大概有兩個原因：

第一、儘管通貨膨脹是由政府所引發的，但追根究柢，政府還是可以不必負責，而可歸咎於民。今天一般人多半贊成政府增加支出，因為這樣對於他們有利，但是在另一方面則很少不反對增加課稅的。因為這會增加他們的負擔。在這種大家都想「白吃午餐」的心態之下，政府如仍想迎合民意增加支出，則不從事增加貨幣供給又有何其他辦法？因此，要政府真能採取制止通貨膨脹，唯有大多數人都已能領悟其利害時，方能進行。一般人如無此體認，則時機尚未成熟，不可輕舉妄動。

　　第二、當通貨膨脹發生初期，政府決策人士往往會認為這是暫時的現象，不久就會消逝，自可不必採取任何行動。但待曠日持久以後，則又怕採取緊縮措施會引起失業的增加而不敢有所行動，這樣就使問題益趨嚴重。

　　不待言，發生失業是痛苦的，是須避免的。但問題是，要制止通貨膨脹能不發生失業嗎？讓通貨膨脹繼續下去能避免失業嗎？答案是否定的，現可略加分析。（注14）

　　先說通貨膨脹。當貨幣增加的初期，貨物的出售者不能區分這種以新貨幣來支付的支出與其他的支出有何不同。例如：當零售商發現自己可以多銷商品時，其初步的反應自然是從批發商多進一些商品，批發商接著也向製造商多訂一些貨，一直到最後的生產者都如此反應。如果這時對貨物之需要的增加是以對其他貨品需要的減少為代價的，則一批貨品之需要的增加就有另一批貨品需要的減少。這樣前者之漲價自可以後者之跌價所抵消，平均價格當無變動。但是，若這時需要之增加是由新印貨幣來支付的，這樣其他

貨品之需要都可同時增加。這樣社會全部支出就增加了，零售商卻不知這種情形，他還是會以原價銷售，等到銷售罄盡仍會向批發商多進貨，但是，這批訂貨的增加卻沒有其他訂貨的減少來抵消。由於訂貨增加了，自會引起勞工與原料需要的增加，俾能製成貨品，以資供應。這時工人與原料商的反應也與上述的零售商一樣，多延長工作時間，多生產一些原料，並且提高一些價格，因為他們以為對於自己之貨品與勞務的需要是增加的，但是，這時卻無其他貨物需要的減少來抵消。這些貨品之漲價也就沒有其他貨品之跌價來抵消。

　　上述情形在通貨膨脹的初期是不易看出的。在一個動態的社會，貨物的價格本來就是有漲有跌的，並不足為奇，但一般人並不能看出這時是貨物需要之普遍的增加，並不是某一貨物之相對需要的增加。這就是何以貨幣數量增加之初期只是經濟繁榮、就業增多的原因。但是，不久以後，這種情形就被識破，這時，工人、製造商與零售商就都發覺自己被騙了。他們過去以為需要增加是專對他們自己銷售的貨物的，

實際上並不是如此，而是所有需要之普遍的增加。於是他們就將物價與工資更為提高，不但用來反應自己貨物需要的增加，並且也反應他們所購買物品之需要的增加，於是整個經濟就步上物價與工資互相競漲的途徑，這就是通貨膨脹的結果，不是它的原因。如果貨幣增加不再加速，這時工資與物價的上漲就不再刺激生產與就業的增加，而是相反的促成生產之減少與失業的增多，初期的興奮就為後來的哀傷所替代。這就是通貨膨脹最後必定導致失業的原因。這時如心有不甘仍想消除失業，則只有再加速通貨膨脹，於是上述的歷程又再重演，結果只是肇致更多的失業。

那麼，相反的，減少貨幣的成長又如何呢？這種歷程就朝相反的方向發展，當貨幣供給減少了，支出自然就減少了，這在初期一般都認為這是對某些貨物之需要的減少，過了一段時間就會引起這些貨物之減產，就業也就減少了。所以，初期的反應是不良的，但再過一段時間，通貨膨脹就會緩和下來，整個價格機能也就能恢復正常，接著就業與產量也就會增加。

我們知道一般都認為通貨膨脹與失業是可以替換

的，我們不是面臨更高的通貨膨脹，就是遭受更多的失業：我們如要制止通貨膨脹就須長期忍受經濟成長的遲緩與失業的不斷增多。但從以上的分析中，當可看出這種二分法是不對的。在長期間真正的選擇是忍受高度的通貨膨脹之後所肇致之高度的失業，還是忍受短期失業以制止通貨膨脹的再現，也就是日後之大量的失業，還是目前之少量的失業。（注 15）

注 1： Milton Friedman, *The Counter-Revolution in Monetary Theory*, The Institute of Economic Affairs, London, 1970, pp.7~8。

注 2： 同上注書，p.11。

注 3： 同上注書，pp.12~14。

注 4： 可參考 Milton Friedman and Anna J. Schwartz, *A Monetary History of the United Stares, 1867~1960*, Princeton University Press, 1963，或拙著「偉大經濟學家費利曼」

第 11 章，天下文化出版，2009 年 1 月。

注 5： 同注 3 書，pp.16~19。

注 6： Milton Friedman, "The Role of Monetary Policy", *American Economic Review*, Vol.LVIII, March, 1968, p.7~8。

注 7： 同上注書，pp.9~11。

注 8： 同上注書，p.9。

注 9： Milton & Rose Friedman, *Two Lucky People, Memoirs*, The University of Chicago Press, Chicago, 1998, p.625。

注 10： 同注 6 書，pp.12~14。

注 11： Milton Friedman, "The Case for a Monetary Rule", in *There's No Such Thing as a Free Lunch*, Open Count Publishing Company, La Salle, Illinois, 1975, p.78。

注 12： Milton Friedman, *Money Mischief*, Harcourt Brace Jovanovich, Publishers, New York, 1992, p.193。

注 13： 同上注書，p.205。

注 14： 同上注書，pp.210~212。

注 15： 同上注書，p.233。

第九章

唯貨幣論與停滯膨脹

一、唯貨幣論的要旨

我們從上章的討論可知唯貨幣論是費利曼所揭櫫的理論，它有兩個基本信條：第一、貨幣供給是決定貨幣支出之一般水準的唯一因素。其他如稅率的變動，由債款支持的公共支出，甚至私人投資與消費的支出的劇烈變動都不能產生可以預測的影響；因此，第二、為了保持經濟繁榮，在總體經濟上所需採取的唯一的政策是由中央銀行公開宣布對於貨幣供給每年的成長率將經常保持一個穩定的數量，例如：百分之四或百分之五。換句話說，貨幣供給的成長必須遵守一個固定的規則，切實推行。（注 1）

關於這種唯貨幣論，薩繆森認為現代的主流經濟學對之則有不同的意見。對於這種主流的經濟學，薩氏則稱之為「後凱恩斯的經濟學」（Post-Keynesian economics），他自己就是其中的一員。他們基本上相信中央銀行所造成的貨幣供給變化會對以貨幣表達的國民生產毛額產生重大影響，同時看就業市場不景氣情況，也會對實質產量與物價水準發生重大衝擊。他

們這種主張與唯貨幣論之主要的差異，可以下三項命題中明白的表達，在後凱恩斯學派看來：

（一）就是在貨幣供給保持不變的情形之下，節約的情形與消費傾向之顯著變動會對當時產量的貨幣價值產生有系統的獨立的影響，這就會影響平均價格、生產總量，或者兩者都受影響。

（二）就是在貨幣供給保持不變的情形之下，外部投資機會突然出現或投資者之振奮精神的突然興起，就會對國民生產毛額的總量發生有系統的影響。

（三）就是在貨幣供給保持不變的情形之下，公共支出的增加或者稅率的減低 —— 甚至公共支出的增加是以賦稅的增加來支付的 —— 也會對國民生產毛額的總額發生有系統的影響。

　　以上三項命題顯然是與唯貨幣論者所持的假設相悖的。（注2）因此，「凱恩斯學派自然會責怪唯貨幣論者沒有公正地將豐富的事實表達出來。一個優秀的新古典的後凱恩斯學者自然也會有同樣的責怪。」（注3）

　　薩繆森承認在他早期的著作中，曾低估貨幣的任務與貨幣政策的功力，但他不贊同「年長的經濟學

家中極少數的一些人，認為貨幣政策本身是控制現代經濟社會之總體行為的主要機制。我相信這種見解實際上是錯誤的，或者是與實情不相關的，並且還要進一步地說，就是假定貨幣政策的功力真的有這樣的誇大，我還是不相信這是妥切的社會政策可以單獨依賴的工具。」（注4）這當然可以肯定貨幣是重要的，是可以發生作用的，但不能說貨幣是能單獨發生作用的。

另一基本上不能同意的是關於恣意制定的貨幣增加規則對於一個動態的經濟社會造成傷害。實際上，這種傷害是很巨大的，因為這無異是使它於面臨外部局勢或內部情況發生突變時不知有所因應而致陷於無窮的困境。

唯貨幣論者還認定「通貨膨脹不論在何時何地發生，都是一種貨幣現象，其所以發生只是由於貨幣數量的急劇增加超過了生產的總量。」（注5）這就將現代通貨膨脹之起因過分簡化了，並無法對1970年代以來所發生的情況有較為完善的詮釋，現可略述如下。

二、停滯膨脹的根源

近年來世界各國幾乎都發生通貨膨脹，這種膨脹不像過去的是單純由「需要拉動的膨脹」（demand-pull inflation），而是新型的由「成本推動的膨脹」（cost-push inflation），而且這種通貨膨脹還與失業同時存在，而成為一種所謂「停滯膨脹」（stagflation）。這是一種新的病症，其中物價與工資既上漲了，同時工人卻不能找到工作，廠商也不能為其產品找到顧客。（注6）

這種停滯膨脹是怎樣形成的呢？唯貨幣論者當然認為這是貨幣供給增加所單獨造成的；其他的經濟學家則有認為是由於美國在 1960 年代所產生的國際收支的赤字所造成的；也有認為這是工資上漲的影響；也有認為這是自然界發生旱災或水災，工人的罷工或卡泰爾的壟斷等等原因而形成的；還有認為這是黃金價格的上漲或美元的貶值所肇始的，諸如此類的主張非常眾多。薩繆森則認為任何一種單獨的原因都不能完整地解釋這種現象，他說：「我們應用現代經濟分析上之最優良的工具，將這些可以找到的證據加以分析

後，我相信沒有一種『單一的理論』（monistic theory）能夠成立的。實際的經驗逼促我們要採取兼容並蓄的立場（eclectic position）。這不是學術上的猶豫不決或不能確定使我們採取這種兼容並蓄的保險的立場，而是為了要對現有不同經驗加以解釋，就需採取這種將各種原因都歸納進來的態度。」（注7）

在今天實際所處的世界上，某一部門之價格強烈上漲所造成的壓力，往往不能為另一部門之減價所抵消，這會使整個價格結構發生變動，最後是促成平均價格水準的上升。這一方面是由於財政與貨幣政策已不能用來使價格水準下降；另一方面，由於現代經濟上一些制度的安排也使物價與工資之間產生一種相互上漲的現象，例如：勞資雙方從事集體協商時常有工資「自動調整條款」（escalator clause）的設立，規定工資必須隨物價上漲而調整。這樣當某一重要必需物品，如糧食燃料等等，價格上漲時，工人工資就可隨著上漲，因此通貨膨脹就不可避免。如果有人將這種情形歸咎於某些單獨可見的因素，如貨幣數量的急速增加，或者工資的大量上漲，認為上述因素就是通貨

膨脹的成因，這就沒有認清事實的真相。例如：以貨幣的增加論，它實際上是通貨膨脹發生之後的結果，並不是原因。因為中央銀行，也與政府其他機構一樣，都是要為人民的需要而服務。當物價上漲，自然就需要較多的貨幣來支付，中央銀行自然要增加貨幣的發行，不然則會使經濟活動不能順利進行，最後必會產生失業，甚至經濟停滯的惡果。

　　現在可以說明何以財政與貨幣政策已不能發揮使其物價下降的功能。簡單地說，這是由於現代大多數國家所推行的已是一種混合經濟。薩繆森說：「我相信現在的通貨膨脹的根源是深植於混合經濟的本質之中。這種混合經濟不是中央控制的國家社會主義，也不是自由放任的資本主義，這是今天大多數國家的品性。」（注8）「這些國家都是福利國家。在過去工人只要能找到工作，不管工資多少都只有接受，不然就要忍受飢餓，現在則已是人性的國家，在這些國家都有失業保險與其他公共福利補助的設置，當工人感到工資太低而不願接受時，甚至當他不能找到工作時，都可得到相當的協助，以維持最低的生活水準。」（注

9）在這種情形之下，傳統的財政與貨幣政策又如何能用來調整物價與工資的降低呢？既然如此，薩繆森就說：「停滯膨脹是混合經濟之天生的特性。」（注10）「沒有一個現代混合經濟社會能避免。美國與加拿大、西德與日本、英國、法國與義大利、瑞典與瑞士等等都在其中。」（注11）

三、停滯膨脹的解救

　　對於這種新型的病症又如何診治呢？高培思認為只有推行「所得政策」（incomes policy），將物價與工資都由政府加以管制才能解決。費利曼則認為成本膨脹是根本不可能的，只要嚴格遵守貨幣增加率不變的規則，使每年都能按照資源充分就業時所需的貨幣數量增加，則一切都可解決。但是，不幸的是許多經濟學家都不能同意高培思的分析。物價與工資的管制最多只能奏效於一時，不能維持久遠。到了相當時日之後由於弊端百出，終於不得不放棄。許多經濟學家也不能贊同費利曼的主張，認為我們仍可回復到 19 世紀

時推行自由放任的政策。這是不可能的，時間畢竟不會倒流的。

「今天大多數的經濟學家認為貨幣是重要的，是可以發揮作用的。貨幣供給的變動在長期間可使價格水準採取同一方向的變動。同時，假定其他條件不變，兩者變化的程度也是一致的。在相當短暫的期間 —— 在一、二年內 —— 只要勞動市場還有空暇的工人，同時工業設備也沒有完全使用，那麼，貨幣支出的增加是可以增加生產與就業的。」（注 12）

「廢除溫馨的人性的社會，回復到 19 世紀殘忍的資本主義叢林，凍結貨幣供給，保持預算的永遠平衡，最後是可以制止長期的通貨膨脹。但是，這將使人受到不平等的遭遇而陷於在民主政治之下所不能忍受的災難。……以這種方法來解決通貨膨脹是不現實的，同時，對我們大多數人而言，也是不期求的。」（注 13）

薩繆森認為當代的歷史已昭告我們，現代經濟社會已無法避免經常性的溫和的通貨膨脹。現在正有待經濟學家從事創始性的研究，期盼能提出妥善的辦法，來診治這種停滯膨脹，這就正像癌症一樣在期待

著新的藥方。目前所能做到的是不要使經濟發展到過熱的程度，以免通貨膨脹的惡化。（注 14）

在這種情形之下，薩繆森仍保持其一貫的樂觀信心。他說：「民主社會不會一直採取自我否定的措施，而讓純粹經濟學的華爾拉遊戲不斷地排演下去。同一為市場提供動力使其能自行操作的自利動機亦必可望其能為今天的政治領域提供動力，使其能從事對自由放任之做法的干預。」（注 15）

為了確保經濟潛力之長期擴展與充分利用，並促進全民生活水準的長期提高，而提出並實現適當的經濟政策是民主政府的任務與責任。薩繆森說：「善意的新古典經濟學家有一個崇高而可以實現的願景。他們主張以賦稅課徵與支付轉移的方式減少在自由放任之下所形成的不均。……像我這樣一心為善的人都認為混合經濟體制應有辦法採取民主程序提出政策，使高度就業時的國民生產毛額能有一部分轉為資本形成，也應有辦法以民主設計的方式去處理外部效應以及將來可能發生的問題。」（注 16）

他又說：「我的夢想是使混合經濟能操作得更為美

滿，我們必須試圖避免使這塊供社會大眾享用的大餅
縮小，須設法在分配這塊大餅時盡力使它擴大。保持
並增進混合經濟的人情味，同時又維護市場機制的效
率。這是烏托邦嗎？是的，這是烏托邦，但是，這種
目標的追求會為我們這一代經濟學家帶來極有價值的
挑戰。」（注 17）

　　由此我們當可看出薩繆森要善盡經濟學家職責之
用心的純真。這種精神是深為人所敬仰的。

四、薩繆森與費利曼

　　從上面的討論中可知薩繆森對於停滯膨脹的意
見是與費利曼不同的。當時他們兩人都是美國經濟學
界之最著名的人物，兩人意見之相異並不限於此，對
於經濟學中論及其他問題的見解時兩人都是南轅北
轍的，但是，儘管如此，兩人對彼此在學術上的建樹
都相互敬重，例如：當 1976 年費利曼獲得諾貝爾獎
時，薩氏就寫專文致賀，在該文中一開始就說：「經
濟學界早已期望費利曼會得到諾貝爾經濟學獎，他所

得的 1976 年獎是對於他的科學貢獻及學術領導之適
切的確認。……我要強調的是費利曼是保守派傳統中
最優良部分的建樹者，不僅僅是那種觀點的陳述者而
已。……他是一位經濟學家的經濟學家。」（注 18）不
但如此，該文還進而述及他們兩人友誼的誠摯，結尾
時表示：「他與我儘管政策主張不同與科學見解差異，
但是我們是親近的朋友，已超過了四十年，這一事實
也許表達了我們之間的情摯，但不僅如此，我們敢說
這也是政治經濟學做為一種科學所處的景況。」（注
19）因為「經濟學家對於許多問題都有共同一致的意
見。費利曼與我有時對某些問題有歧見時，我們都有
方法能很快地找出差異的根源及內容，這種方法就不
是非經濟學家所能想到的。……以我對於失業與企業
自由所持的觀點論，我可以 180 度地反對他的政策，
但仍能瞭解他對於事態真相的分析以及對於將來可能
發生之事態的診斷。」（注 20）

　　另一方面，費利曼也說了許多對薩繆森讚賞的言
詞。他說：「雖然保羅（薩氏的名）與我常在公共政策
問題上有強烈差異的意見，但我們卻是親近的良友，

一直相互敬重各人在經濟學上的才能與貢獻。保羅在
1995 年 12 月 8 日的一封信中，將這種情況說得很清
楚，『我希望我們的關係可以這樣說，儘管對於許多
問題有不同的意見，但都能瞭解彼此的邏輯與實情的
根據之所在。我們一直相當美滿地保持親和友善的尊
敬。』」（注 21）

　　最後費氏又在一封致一本討論他的書的三位著者
的信中說：「保羅與我都同樣深受芝加哥大學的學術傳
統目的以及范納、奈特與沙門斯的影響，保羅還受到
露絲（費氏夫人的名）的哥哥杜萊特的影響，他是保
羅的經濟學的啟蒙老師。」

　　「在 1966 年，當韓利特（Henry Hazlitt）結束他在
《新聞週刊》的經常專欄作家的職務時，《新聞週刊》
的編者決定要以三位專欄作家來替代，乃選擇了薩繆
森作為『新經濟學』或者『新政』的自由派的代表，
華萊熙（Henry Wallich）作為中間派的代表，與我自己
做為『古老自由派』或者『自由企業派』的代表。我
當時對於是否接受甚感躊躇，最後我終於決定接受，
是因為與保羅通了一次長途電話時，他強烈地勸我接

受。在此後的十五年到保羅於 1981 年結束他的專欄作家時為止，我們兩人都每隔三週寫了一篇專欄文章，結果證明《新聞週刊》是我們兩人的一個最好的基地。我們在問題的實質上常常不能彼此同意，但在那一時期中，沒有一次由於個人的歧見或私人問題而發生不快，相反的，我們都能相互支援。」（注 22）

　　現在兩人都已結束了他們美滿絢爛的一生，將他們豐碩的學術遺產交付給經濟學界，以目前論兩人所享的隆盛的聲譽是不相上下，嗣後有何變化就看歷史如何判斷了。

注 1：　Paul A. Samuelson, "Reflections on the Merits and Demerits of Monetarism", *CSP*, vol.5, p.765。

注 2：　同上注。

注 3：　同上注書，p.768。

注 4：　Paul A. Samuelson, "Reflections on Central Banking", *CSP*, vol.2, p.1361。

注 5： Milton Friedman, *The Counter-Revolution in Monetary Theory*, The Institute of Economic Affairs, London, 1970, p.24。

注 6： Paul A. Samuelson, "Worldwide Stagflation", *CSP*, vol.4, p.801。

注 7： 同上注書，p.802。

注 8： 同上注。

注 9： Paul A. Samuelson, "The Roots of Inflation", *CSP* vol.5, p.966。

注 10： Paul A. Samuelson, "The World at Century's End", *CSP*, vol.5, p.895。

注 11： Paul A. Samuelson, "Living with Stagflation", *CSP*, vol.5, p.972。

注 12： Paul A. Samuelson, "The Roots of Inflation", *CSP*, vol.5, p.966。

注 13： 同注 11。

注 14： 同上注。

注 15： 同注 10 書，p.894。

注 16： 同上注。

注 17： 同上注書，pp.899~900。

注 18： Paul A. Samuelson, "Milton Friedman", *CSP*, vol.4, p.944。

注 19： 同上注書，p.945。

注 20： Paul A. Samuelson, "My Life Philosophy: Policy Credos and Working Ways", in Michael Szenberg, ed., *Eminent Economists: Their Life Philosophies*, Cambridge University Press, 1992, pp.237~238。

注 21： Milton and Rose Friedman, *Two Lucky People, Memoirs*, The University of Chicago Press, 1998, p.357 及該頁下的注釋。

注 22： M. Szenberg, A. Gottsman and L. Ramrattan, Paul A. Samuelson, *On Being an Economist*, Jorge Pinto, Inc., New York, 2005, pp.57~58。

第十章

現代總體經濟學的演進

　　對於市場經濟中之經濟循環的解釋，薩繆森認為最美滿的是現代主流凱恩斯學派所提出的。但他同時亦認為對於其他理論的瞭解也是很重要的。科學上一個時代的正統思想為另一新的發現所推翻是屢見不鮮的。例如：我們知道約翰・司徒・彌爾是世界上最偉大的經濟學家與哲學家之一，他在 1848 年出版了一部著名的《政治經濟學原理》（*Principles of Political Economy*），其中曾說：「很可慶幸的，在價值定律上今天與未來的作家都已沒有什麼可以再行解釋清楚的了。」但是，在一個半世紀以後經濟學史上就發生了二次革命，一次是個體經濟學上的邊際革命，另一次則為總體經濟學上的新發現。

　　科學史學家評述科學的進步是斷斷續續的，新的思想學派不時興起，擴展其影響並進而說服它們的懷疑者。在這裡薩繆森想將現代總體經濟學上一些新的進展略加說明，以供參考。（注 1）

一、古典的總體經濟學

　　自從兩個多世紀前經濟學誕生以後，經濟學家一直感到驚奇的是市場經濟不需政府的干預而有邁往長期充分就業之均衡的趨勢。使用現代語文來說，支持我們將這種強調經濟社會中之自行改正的力量的研究方法稱之為古典的研究方法。這種方法認為物價與工資是隨著市場中貨物與勞動的供需情形的更動而變動的，同時整個經濟是穩定的。所以整個經濟社會可以自動地快速地邁往充分就業的境界。

　　在凱恩斯提出他的總體經濟學以前，主要的經濟思想家一般都支持這種古典的觀點，至少在經濟狀況良好的時候是如此。早期的經濟學家知道有經濟景氣與否的循環現象，但他們認為這是短暫的現象，是可以自行改正的變態。

　　古典分析是以賽伊的市場法則為依據的。這一理論是 1803 年由法國經濟學家賽伊（J. B. Say）所創，認為生產過多基本上是不可能的，因為「供給創造了它本身的需要。」這一法則是建立在貨幣經濟與實物交

換經濟是沒有差別的這一理論上。換言之，人們有能力將所有工廠所製成的貨物都購買進來。在古典的世界，產量的多寡是由「總合供給」所決定的，「總合需要」只能影響物價水準的高低。

二、現代的古典總體經濟學

當古典經濟學家宣導長期持續性失業的不可能時，1930 年代的一般態度客觀的經濟學家實際上無法漠視大批失業工人迫切謀求工作，並在街頭流落販售零星雜物的情景。凱恩斯在 1936 年出版的《一般理論》提出了另一種總體經濟的理論。於是當時主流的經濟學家對於經濟循環的分析就以凱恩斯所提出的理論為依據而予以發揮。但是，不久以後古典總體經濟學中的一個新支派就對這種研究潮流加以挑戰而提出另一種理論。這種理論稱為「新興的古典總體經濟學」（new classical macroeconomics），是由美國芝加哥大學教授盧卡斯（Robert Lucas）、紐約大學教授沙勒（Thomas Sargent）與哈佛大學教授巴羅（Robert Barro）

所發展而成的。這種研究方法總體古典研究的精神，強調工資與物價的自由變動性，但同時再加上一種新的特質，稱為「理性預期」（rational expectations）。盧卡斯因此於 1995 年獲得諾貝爾獎，沙勒則於 2011 年因從事經濟與政策工具之間的關係的研究卓有成績而獲得諾貝爾獎。

（一）理性預期的臆說

　　新興的古典總體經濟學之主要的創新是將理性預期的理論介紹到總體經濟學中來。要解釋這種新的研究方法，我們自可先對預期對於經濟活動可能發生的影響略做說明。在經濟學中許多部門，特別是有關投資與財務性的決定，都會受到預期的影響。預期會影響投資者要購買多少資本財，也會影響消費者要將其所得多少從事目前的消費，又要將其所得儲蓄多少以應日後不時的需要。如果人們預期將來的經濟景況是良好的，就會多從事投資，也會多從事消費，反之則減少。

　　那麼，人們又如何形成他們的預期呢？依據理性

預期的臆說，預期是沒有偏見的，是客觀的，而且是以所有能獲得的訊息為根據而形成的。人們之有理性預期是指他們沒有偏見外，還能運用所有可以得到的訊息來做他們的決定。這表示人們瞭解經濟社會是如何運行的，同時也明白政府是在如何操作的。因此，假定政府在須從事大選之前都會增加支出以增進選舉成功的公算，這時在理性預期的情況之下，人民就採取適當措施以為因應。這樣政府所採行的政策就不能發生什麼效果了。

（二）實質經濟循環的理論

　　現代古典總體經濟學的一種主要的應用是所謂「實質經濟循環理論」（theory of real business cycles）的提出，這是凱德蘭（Finn E. Kydland）與巴萊斯可（Edward C. Prescott）所創立的，他們也因而在 2004 年獲諾貝爾獎。他們認為經濟循環基本上是由於技術的驚奇變動而引起，並不牽涉任何貨幣的或需要方面的力量。

　　在實質經濟循環的研究方法中，對技術、投資或

勞動供給上的衝擊改變了經濟的潛在產量。換言之，
這些衝擊移動了垂直的總合供給曲線，這些供給上的
衝擊是經過總合供給的變動而傳遞到實際產量，是完
全與總合需要無關的。同樣的，在實質經濟循環理論
中，失業中的變動是由於費利曼所謂的自然失業率的
變動而引起的，所謂自然失業率是指這種失業是由於
個體經濟的力量如其中個別部門的衝擊或賦稅與管制
政策的變動所引起的。自然的失業率是「非加速通貨
膨脹的失業率」，是用來衡量潛在產量或者潛在國內生
產毛額的一個標準。所謂潛在產量或潛在國內生產毛
額是一國可以持續存在的產量之最高的水準。標準的
凱恩斯的貨幣政策與財政政策對於產量或就業毫無影
響，它們只能對總合需要與物價水準產生影響。

（三）李嘉圖的財政政策的觀念

對凱恩斯總體經濟學之最有力的批評的是對財
政政策之任務所提出的一種新觀念。這種觀念稱為
「李嘉圖的財政政策的觀念」（Ricardian view of fiscal
policy），這是哈佛大學教授巴羅所提出的。他認為

稅率的變動對於消費支出不發生影響。在李嘉圖的觀念中，每個人都很有遠見的，他們不僅會照顧自己，他們還都會顧慮到他們子女的福祉。同時，他們的子女也會顧慮他們子女的福祉，如此代代相傳，維持久遠。這時如果政府減稅而不同時減少支出，這樣就須借債來應付。如果政府支出繼續不變，那就須增加稅率以支付債務的利息。在李嘉圖看來，消費者對於政府未來的政策都有理性的預期，當賦稅減低時就會預知將來必會增加賦稅。因此，政府在減稅時就會將這所減的稅額儲蓄下來，以備日後加稅時的支付。他們的消費不會增加，不但如此，他們還會將子女的福祉考慮進去。因此，甚至這種增稅措施要到他們逝世後才會發生，他們也會增加他們的遺產，使他們的子孫能繳納增加的稅額。

總之，在李嘉圖的觀念中賦稅的變動是不會改變人民的消費的。不但如此，政府的債務在人民的心中也不是淨負債，因為已將因而所須繳納的稅額按照現值從他們的財產中減除。

這種李嘉圖對於政府的債務與赤字的觀念曾引起

總體經濟學家熱烈論爭。批評者指出這就須每個人都有非常卓越的遠見，要能不斷將他自己的利益與將來留給他子女的資產加以衡量，俾能做出妥善的計畫。這一代代相傳的過程如遇到沒有子女或都沒有財產可傳時就會中斷。這在實際的世界上是很少有這種例證的。不過，這種觀念也確實能提醒我們財政政策的功用是有其限度的。

（四）效率工資的論據

　　另一融合古典的與凱恩斯的理論的新發展是「效率工資理論」（efficiency wages theory）的提出。這種理論是美國哥倫比亞大學教授費爾普斯（Edmund S. Phelps）、斯蒂格利滋與舊金山聯邦準備銀行總裁葉倫（Janet Yellen）所創立的。前二人分別在 2006 年與 2001 年獲得諾貝爾獎。它解釋實質工資的僵固性與非自願失業的存在，是由於廠商想要增加生產力而維持高於市場按供需情形而決定的工資的緣故。根據這種理論，高工資可以促進高生產力，因為這樣工人的身體更好了，工作的熱誠更高了，優秀的工人願意留下

來了，新的優秀工人也願意來了。

　　隨著廠商提高他們的工資以增加生產力，求職者為了要得到這種工作機會可能會去排隊等候。這樣就產生了非自願的失業。這種理論的創見就在認為非自願的失業是一種均衡的特色，不會長期消失的。

（五）供給學派的主張

　　在 1980 年代，有一群經濟學家與新聞記者提出一種稱為「供給學派」的主張，認為誘因的提供與賦稅的減徵是鼓勵經濟成長的方法。這種主張曾由當時美國總統雷根（Donald Reagan）於 1981~1989 年間與英國首相柴契爾（Margaret Thatcher）夫人於 1979~1990 年間分別切實推行。

　　供給學派認為凱恩斯學派在熱烈關懷經濟循環時忽視了誘因與稅率對經濟成長的影響。根據他們的看法，高稅率會使人減少勞動的操作與資本的提供。其中有位賴富爾（Arthur Laffer）教授就提示高稅率實際上可能會減少稅收的總量。他畫出一條被稱為「賴富爾曲線」（Laffer curve）表達高稅率因為使人減少勞作

的興趣，結果稅基（tax base）縮小，稅收減少。為了
改正這種情形，供給學派主張通過減稅將整個賦稅制
度加以徹底的改革。

這種主張在 1980 年代盛極一時，減稅是當時政
府推行的主要政策。但自雷根總統任期屆滿而離職以
後，這種減稅的聲音就漸趨沉寂。後來經濟學家將這
一時期的實情加以研究的結果，發覺減稅並不能產生
這種奇妙的後果，稅收不但沒有增加，反而減少。

到了 2001 年，供給學派的政策曾一度復活。當
時美國總統小布希（George W. Bush）曾成功地通過國
會實施另一種減少所得稅的方案，這時這種稅的減少
並不是基於由而可以增加稅收，而是基於由而可增進
賦稅制度的效率與提高經濟之長期的成長率。結果與
1981 年的情形一樣，減稅並沒有增加稅收，反而減少
稅收。

三、政策的意涵

（一）政策的無效性

這些新興的古典研究方法對於總體經濟政策曾蘊含著一些重要的提示，其中的一項就是為了減少失業而有系統地推行的財政政策與貨幣政策不會產生任何效果。其所以如此就是這些用來判斷經濟活動的措施事前就已為人所預知，各人都會做適切的因應，結果乃使其對於經濟不發生任何影響。

這就是新興古典總體經濟學家政策無效的定理。有了理性預期，再加以物價與工資的變動性，意料中的政策是不能影響實質的產量或失業的。

（二）規則的優越性

費利曼對於貨幣政策主張採取固定規則切實推行才能發生效力。新興古典學者對此極為贊同，他們認為經濟政策可分為二部分：一為可以預測的部分，這就是規則；一為不可預測的部分，這就是權衡。

新興古典總體經濟學家認為權衡是一種幻想。他

們認為決策者對於經濟情勢的預測能力不會超越人民的，所以當決策者權衡新的局勢而決定變動價格時，市場中卻擁有一大群訊息靈通的購買者與銷售者，早已對之加以調整以達於均衡境界，這樣這種決策自然不會產生效果。要改善或防止因出於對經濟循環之錯誤判斷或由於實質經濟循環的衝擊而產生的失業，政府不論採取什麼政策都是無濟於事的。

　　政府權衡結果而產生的政策不但不能使局勢改善，而是一定還會使局勢更為惡化，所以新興古典學者認為政府最好是不提出任何政策。

四、新的綜合？

　　對於新興古典總體經濟學所提的見解經過三十多年的消化以後，將之與原有的論據加以綜合的情勢已開始形成。現在的經濟學家已重視預期對於經濟的演變的重要性，並已瞭解預期之有適應性的（adaptive）與理性的（rational）之區別。過去一般所謂的預期都是以往昔的與現在的情形為基礎來做對未來變化加以

適當的推測。這種預期是適應性的，所以是回顧性的
（backward looking）預期。

　　新興古典總體經濟學派對於這種辦法來形成預期
不能苟同。因為它違背了經濟學中對人的行為都是為
求利益之最多的假設。他們乃提出理性預期的臆說，
所謂理性預期，前已說過，是以所有可以得到的對所
要預測之變數的有關訊息為基礎而形成的，並不僅以
過去的情況為依據而已。這所謂所有與預測的有關的
訊息，就是將政府的政策之推動以及這種變動對於經
濟可能產生的影響等等訊息都包括進去。同時，由於
這種預期是將所有訊息將來可能發生的影響也考慮進
去，所以也可以說是一種前瞻性的（forward looking）
的預期。這種前瞻性的預期對於人的行為是非常重要
的，特別是對於競爭劇烈的像金融部門這種拍賣市場
（auction market）。

　　近來有些總體經濟學家已開始將這種新興古典學
派的理性預期融合進凱恩斯的產物與勞動市場的觀念
之中，這種總體經濟模型的綜合是假設（1）勞動與產
物市場反映工資與物價的僵固性，（2）金融的拍賣市

場中的物價則隨著經濟衝擊與預期而迅速地調整，（3）
拍賣市場中的預期是以前瞻的方式而形成的。

　　新興古典學派對於總體經濟學所採的研究方法給
我們帶來了許多豐碩的識見，其中最重要的是，提醒
我們經濟社會中有許多知識豐富的消費者與投資者，
他們對政府的政策會有所反應，而且常能預知新的政
策的出現。這種反應以及對反應的再反應實際上改變
了整個經濟社會的行為。

注 1：　Paul A. Samuelson and William D. Nordhaus, *Economics*,
　　　　19th ed., McGraw-Hill, New York, 2009, pp. 638~651。

第十一章　經濟理論上的其他建樹

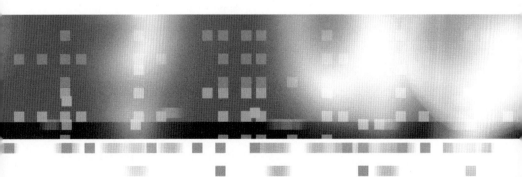

我們上面曾說薩繆森對於經濟理論的貢獻是博大而精深的，他對於經濟學之發展的影響是全面的。但到目前為止，我們所討論的都只是他對凱恩斯總體理論的闡揚，這固然是他最大貢獻之所在，但畢竟有所偏。現特從他在其他方面的建樹中選述四種以為範例，俾能見其全貌於一斑。

一、顯示性偏好理論

薩繆森最早想要以對傳統邊際效用為基礎而提出的消費理論加以刷新。他認為像「效用」這一類概念太抽象了，是無法觀察的，後來雖有無異曲線方法的運用，也仍無多大改進。以這類概念與方法為基礎是無法導出一些他所謂的「可以驗證的、有意義的」假說。於是他在 1937 年寫出了一篇稱為「A Note on the Pure Theory of Consumer's Behavior」的論文，提出了一種稱為「顯示性偏好」（revealed preference）的理論，以為補救。他認為我們並不需要知道消費者對於所得與面對之物價等等的變動，做如何反應的全部訊息，而只

要看看他如何運用所得從事實際的購買就可確定偏好之所在。他後來於 1948 年還寫了一篇「Consumption Theory in Terms of Revealed Preference」，對此再加說明。（注 1）

　　他的論據非常簡單，假定現有一消費者面臨 x 與 y 兩組貨品的選擇，兩者價格相等，都可以同樣一筆所得購得。這時他選擇了 x，而不選 y，這就「顯示」其對 x 的「偏好」。將來遇到同樣情形，他還是會做同樣的決定。除非 x 不存在，否則他是不會選擇 y 的。這就是一貫（consistent）原則。他認為該原則非常重要，至於消費者是否在求滿足之最大則無關宏旨。根據這種觀察，他認為就可推斷出消費者的偏好模型，由而可導出需要理論。這在一般基礎經濟學教科書中都沒有提到，但它與我們經濟分析中的一個中心問題卻有密切的關聯，這就是經濟福利的涵義及測定依據，或測量尺度。

　　經濟學家與一般人士都時常使用一些經濟福利的測量尺度。例如：「個人所得」、「國民生產毛額」、「生活費用的數量」以及相似的概念都成為我們日常要

做的各種決定的基礎。所有這些測度依據都是經濟學家與統計學家所謂的指數（index number）。所謂指數就先將一些複雜的資料化成一個簡單的數量，藉此指點出某一現象如何變化的意思。這是統計學的理論，不是經濟學的理論所產生的。

　　近年來用來測定物價變動率（通貨膨脹）的指數已成為擬訂經濟政策的重要工具，例如：「生活費用指數」（cost-of-living index）已成測定物價變動對於個人福利所產生之全面影響的依據。但是這種影響能正確地被測定嗎？薩繆森運用顯示性偏好理論的邏輯所獲得的答案是否定的。所有指數之編制都含有編制者之偏見的成分，就是編制得很理想的指數也無法避免，這樣所表達的意義就必定是相當含糊的。物價指數既這樣意義含糊，這就使人要懷疑其他常用來測定福利指數的可靠性 —— 特別是貨幣所得。假定物價的變動或者不同地方之不同的物價的變化為已知，我們又如何能將不同時候或不同國家的所得加以比較呢？薩繆森曾對該問題寫了幾篇文章，特別是「Evaluation of Real Income」與「Analytical Notes on International

Real-Income Measures」，有興趣的讀者可加以閱讀。
（注 2）不過，經濟福利的測量尺度（測定的依據）雖
然有這些缺陷，這卻不是說要我們放棄它們，而是要
我們在使用它們時須明白它們在理論上是有缺陷的。

二、國際貿易理論

　　薩繆森於 1969 年參加「國際經濟學會」
（International Economic Association）第三屆年會的會
長致詞中曾說了這樣一段話：「就是對一位只想要純
粹討論『閉關經濟』（closed economy）問題的經濟
學家，我們還是要忠告他研究國際分析是很有價值
的。……這使我憶起當我早年在哈佛大學擔任『研
究人員勵進社』的初級研究員時有一位數學家歐蘭慕
（Stanislaw Ulam）。他在年輕時就已是一位國際著名
的托樸學家，後來是氫彈的發明人之一。他是一位很
有趣味的健談者，有一次他對我說請在所有社會科學
中提出一個命題，它不但是正確的，而且不是不重要
的。我當時無詞以對，這一直是我不能解答的試題。

但是現在三十多年後我卻有了一個適當的答案。這就是李嘉圖的比較利益理論，表達貿易對於一個在所有各種物品的生產上都有絕對利益的、都居於絕對優勢的國家也是可以受益的。這在邏輯上必定是正確的，從一位數學家看來是很顯然的，不必辯論，但同時也不是不重要的，則經過對許多重要的聰慧人士測試以後，他們總是不能明白這種理論的意義，或者經過對他們加以解釋以後，他們還是不能相信。」（注3）為了這種原因，他早在 1938~1939 年連續寫了兩篇論文說明國際貿易的重要性，這就是「Welfare Economics and International Trade」與「The Gains from International Trade」。後來於 1962 年又再寫了一篇「The Gains from International Trade Once Again」。（注4）

到了 1930 年代有著名的「赫克雪爾（Heckscher）與奧林（Ohlin）定理」的提出，奠定了現代國際貿易理論的基礎。赫克雪爾（Eli Heckscher, 1879~1952）是瑞典斯德哥爾摩（Stockholm）大學的經濟學教授，他於 1919 年發表了一篇「Effects of Foreign Trade and the Distribution of Income」的論文，是他對國際貿易

理論之最大的貢獻。後來他的學生奧林（Bertil Ohlin,
1899~1979）於 1933 年將之發揚光大而成為一種定理。
奧林後來於 1977 年獲得諾貝爾經濟學獎。該定理的
要旨是如此，假定有兩個國家都有兩種同樣的生產要
素，以同樣的生產方法（生產函數）在規模報酬不變
的情況下從事生產同樣的兩種物品，他們應各自多利
用比他國較為豐富的生產要素從事一種物品的生產，
然後與他國以同樣原則交換生產的另一物品，結果是
對雙方都是最有利的。到了 1941 年，薩繆森就與司多
卜合作利用該定理分析自由貿易或課徵關稅的保護貿
易對於工資所發生的影響。結果就得到這樣的結論：
課徵關稅的保護貿易對於與他國相比起來較為稀少的
生產要素的國家有利，自由貿易則對比較豐富的生產
要素的國家有利。（注 5）

　　薩繆森於 1948 年又再根據「赫克雪爾與奧林定理」
寫了一篇「International Trade and Equalization of Factor
Prices」的論文而導出國際貿易的自由進行可使貿易相
關之生產要素的價格趨於相等的原理。後於翌年又再
寫了一篇「International Factor Prices Equalization Once

Again」加以發揮。（注6）該文指出其條件是（1）兩國的生產函數相同；（2）無生產要素密集度的反轉；（3）兩國之生產要素的稟賦比例相同。所謂「生產要素密集度的反轉」（factor-intensity reversal）是指這樣一種現象：假定兩國所有的生產要素是勞動與土地，如果發生國內原是以勞動密集的技術所製成的物品，可能是國外以土地密集的技術所製成的物品，這就是所謂「生產要素密集度的反轉」。很顯然的，如果有這種現象的發生，那麼「赫克雪爾與奧林定理」所說的每一國家輸出的產品是由該國本身具備較豐富的生產要素所製成的理論就不對了。

三、公共支出理論

自 1950 年代以來，各國政府的經濟活動日益增加，因而在 1920 年代時由庇古（A. C. Pigou）所提出的有關社會成本與私人成本問題又再成為經濟學中所討論的熱門課題。原來在財政理論上所討論的均集中於賦稅問題，很少對支出問題加以研究，因此公共支

出的理論一直非常貧乏。

薩繆森就於 1954 年寫了一篇短文，稱為「The Pure Theory of Public Expenditure」（注 7），成為現代公共財理論的濫觴。當代著名的財政學家莫斯格雷夫就曾說沒有一篇短短只有三頁的論文會對於財政理論產生這樣巨大的影響。（注 8）因為他將當時存在的賦稅理論與如何將政府支出的分配問題整合起來成為一整個系統。正如他自己所說，他的工作是「將一個世紀以來討論公共支出的著作發展到了一個高峰。」（注 9）他自己的貢獻是提出一種統一的分析，表示公共支出分配問題的解答是存在的。很不幸的是他當時所寫的文章太簡短了，而且是以數學方式表達的，這就使他對於這種討論的貢獻模糊了。

薩繆森是從兩種極端差異物品的區分開始他對公共支出理論之探討的。一種是「私有消費財」（private consumption good），它能將不同人所能得到的分量清楚地表達出來。（注 10）這種物品由一人享用之後，他人所能享用的數量就減少了。另一種是「公共消費財」（public consumption good），「它可以讓大家共同享用，

不會因一人消費了就會使他人的消費減少。」（注 11）
這樣的區分立即就發生了一個問題，這就是大多數的物
品都不是屬於這兩類的。結果就使薩氏要將公共財重
新定義為「一種對兩人或更多人都產生效用的物品。」
（注 12）這樣一來，我們就可將物品分為私有財與其
他所有可以產生「消費上的外部效應」（consumption
externality）的公共財。（注 13）所謂消費上的外部效
應是說一種物品所產生的利益是不可分割的。換言之，
他們對消費者多提供一些利益，其所需的邊際成本是等
於零，對於不付費之消費者並不能予以排除，使他們不
能享受這些利益。就正由於消費者不管是否付價都能享
受公共財的利益，消費者自不會顯示他們真正的偏好。
結果市場需要就不足以使生產者回收所付的成本。簡言
之，市場已不能提供各種所產生之邊際社會利益超過邊
際社會成本的貨品。

這時公共財的適當數量又如何決定呢？薩繆森就
提出一種方法為每個消費者構成一條「虛擬的需要曲
線」（pseudo-demand curve），然後將這些曲線累加起來
而成為一條整個市場的需要曲線，只是這時這種曲線

之相加卻不能如同私有財之需要曲線加總，將這些曲線做橫斷面的累加而成，也就是將在每一價格之下，各個消費者所需的數量相加起來，我們應該將在每一產量上各個消費者所願意付的價格累加起來，才能構成市場中所有各人之共同的需要曲線。（注 14）

　　薩繆森認為一旦我們已有了這樣一條市場的需要曲線，就可以與這一公共財的供給曲線加以比較，當兩者相等時的數量就是公共財所需提供之最適當的數量。但是，儘管如此，由於當初所依據的是一些「虛擬的需要曲線」，這一理論也就沒有多大實際意義了。

四、效率市場理論

　　儘管薩繆森對於資本市場很早就感到興趣，但他對於金融理論的貢獻則為他在 40 歲以後的事。他在 1956 年寫了一篇「Proof That Properly Anticipated Prices Fluctuate Randomly」（注 15），說明「適當的預期價格是隨機波動的。」這種概念就被稱為「效率市場理論」（efficient market theory）。首先要指出的，這裡所謂

「效率」不是經濟學上通常所謂的效率。我們知道，經濟學上之所謂效率是指以一定量的資源製成最多產量的意思，這裡則指訊息快速被吸收、被消化的意思。所謂效率市場就是一個能將各種訊息立即吸收，而在價格中立即反映出來的市場。根據這種理論，資本市場如證券市場，其中的參與人士已將所有各種可能影響市場變動的訊息都反映於股票價格之中，所剩下的就只有意外的情況，這種情況是無法預料。這樣股票價格的變動自然就像酒徒醉漢之在路上行走一樣，搖搖擺擺，時左時右，完全隨機而定，事前毫無意向。所以稱這種價格的變動為「隨機行走」（random walk），與過去的價格無關的。在該市場中，要想依賴過去情況或過去價格變動的模式來謀利是不可能的，這是效率市場理論的精髓。

不過，薩氏對於從價格會隨著短期情況之變動而調整的這種事實中所做出的推論是很謹慎的。他說：「一個人不應該對現今成立的定理過度相信，它並不證明實際競爭市場運作得很好。」（注16）它也無法說明一個訊息比較變通的購買者或投資者不能因而獲得

利潤。問題是不是每個人都能有這種「內幕」訊息，如果他們都有這種訊息，市場反應就是一種集體的預期，這樣資產或者商品的價格就會隨之調整。薩繆森還進一步地堅持他的定理並不表示一種資產或商品的價格完全是一種隨機而定的，他指出「麵包之長期正常價格的確定的趨勢與投機者將所有事前體察的事情都考慮進去而做的決定是相同一致的。」（注17）換言之，效率市場仍會受到供需定律旳影響。

這種理論後來有許多學人從事研究而加以發揚，終於成為財務金融學上的一個重要理論。對此有貢獻的就有五位經濟學家獲得諾貝爾獎。他們是杜賓、莫迪利安尼、馬柯維茲（H. Markowitz）、米勒（M. Miller）與夏普（W. Sharpe）。

這種理論對於在證券市場從事實際投資者，提供了一種穩紮穩打的策略。薩繆森就在他1960年代為《新聞週刊》所寫的專欄中不時提醒投資者要想勝過市場變動的平均趨勢是不太可能的。因此，他的忠告是「擴散投資的層面，減少周轉的次數，使所有的費用（以及記帳的費用）減為最少。」（注18）

注 1： 此段所提前後兩文均刊載於 Paul A. Samuelson, *CSP*，
vol.1, pp.3~14, and pp.64~74。

注 2： 前者刊載於 *CSP*, vol.2, pp.1044~1072，後者刊載於 *CSP*,
vol.4, pp.66~79。

注 3： Paul A. Samuelson, "The Way of an Economist", *CSP*, vol.3,
pp.683。

注 4： 兩文均刊載於 *CSP*, vol.2, pp.775~791。

注 5： Paul A. Samuelson, "Protection and Real Wage", *CSP*, vol.2,
pp.831~ 846。

注 6： 兩文均刊載於 *CSP*, vol.2, pp.847~885。

注 7： 此文刊載於 *CSP*, vol.2, pp.1223~1225。

注 8： Richard Musgrave, "Public Goods", in E. C. Brown and R. M.
Solow(ed.), *Paul Samuelson and Modern Economic Theory*,
McGraw-Hill, 1983, p.141。

注 9： Paul A. Samuelson, "The Pure Theory of Public Expenditure
and Taxation", *CSP*, vol.3, p.492。

注 10： 同注 7 書，p.123。

注 11： 同上注。

注 12： 同注 9 書，p.502。

注 13： 同上注。

注 14： Paul A. Samuelson, "Diagrammatic Exposition of A Theory of Public Expenditure", *CSP*, vol.2, pp.1226~1232。

注 15： 此文刊載於 *CSP*, vol.3, pp.782~ 790。

注 16： 同上注書，p.784。

注 17： Paul A. Samuelson, "Is Real World Price A Tale Told by the Idiot of Chance", *CSP*, vol.4, p.472。

注 18： Paul A. Samuelson, *Economics From the Heart Harcourt*, Brace Jovanovich, New York, 1973, p.199。

第十二章

政府債務的經濟後果

　　經過對薩繆森在經濟理論上的其他建樹略加提示以後，我們可以回來看看薩繆森是如何運用總體經濟學的工具對當前各國所面臨的主要政策性問題加以研討，現可分三章來敘述，做為本書的結尾。本章即為其開始。

一、一個爭論最多的問題

　　最近近五、六十年來世界各國的經濟都有巨大變化，尤以經濟先進國家為甚。但是，如就總體經濟政策所要達成的目標論則仍依舊，都不外乎是求就業機會的眾多、生產力的提高、實質所得的增加、通貨膨脹的緩和。為了達成這些目標，政府自應負重大的任務。政府為了承負這種任務自有許多財務事宜須待處理，乃每年事前都制定預算，以便有所節制。所謂預算是顯示未來一年中，政府所要推行各項事務所需支出的費用以及期望能向人民課稅的收入數量加以羅列的一種方式。經過一年操作後，如果政府全部收入超過其全部支出，就產生預算盈餘，反之，如果其全部

支出超過其全部收入，就產生預算短絀，對於這種短絀我國俗稱之為赤字。如果其全部收支相等，則形成平衡的預算。當政府發生預算赤字時，就須發行債券向人民商借，這是政府所負的債務，一般稱之為公債或者國債。

　　從總體經濟的觀點來看，政府預算是通過財政政策的運用來影響總體經濟所追求的目標。所謂財政政策，簡明地說，是要利用賦稅課徵與公共支出的調整去減輕經濟景氣循環的波動，並且還要由而促進高度就業能在無高度的或變動無常的通貨膨脹的情況之下而維持下去。對於這種財政政策，早期一些篤信凱恩斯思想者是非常相信的。在他們心目中，這種政策就像房門上所裝置的喇叭鎖那樣可以順著自己的意向自由轉動地去「微調」（fine-tune）經濟變動的程度。較大的預算赤字就可以對總體需要產生激勵的作用，可使產量增加，失業減少，而促進經濟復甦。較大的預算盈餘就可使經濟減少旺熱的程度，以消減通貨膨脹的威脅。

　　今天很少人會認為財政政策能產生這樣理想的效

果。事實上這些年來各國經濟仍會時常發生衰退或通貨膨脹的現象，而且對於這種經濟循環活動的情勢的紓解一般都認為採取貨幣政策較為妥適。但是，儘管如此，每當社會發生失業增多現象時許多人還是力促政府增加支出以為解救。這樣預算赤字還是會不斷出現。這種情形經常發生以後，這種赤字自然就會日益增多，於是有些人就認為這將會成為後代子孫之龐大的負擔，必須予以制止。有些人則認為事實上赤字增加未必引起利率上漲，所以不致引起投資的減少，殊不足為慮。還有些人認為這種赤字正是解救經濟衰退的良策，必須支持。如此辯論不休，這就成為總體經濟上的一個爭論最為紛紜的問題。

那麼，我們對於這一問題又該如何處理呢？薩繆森認為這種爭論不休的產生是由於我們對於財政政策所發生的影響沒有透徹的瞭解。因此要妥善處理這一問題就應對財政政策經濟活動的發生的影響做全盤分析入手。現在我們可將他這種分析加以傳述。（注1）

二、政府預算赤字的短期影響

　　財政政策對經濟活動所發生的影響可分為短期的與長期的二種。在總體經濟學中所謂短期是考慮充分就業尚未達到的階段的情形，其中實際產量不及潛在產量。實際產量的涵義至為明顯，不必加以解釋，潛在產量的涵義則須予以述明。簡單地說，所謂潛在產量是社會中所有各生產事業總共能夠生產而不致引起通貨膨脹之發生的最大產量。但它不是社會所有各生產事業所能生產的絕對的最大產量，如果不顧通貨膨脹的壓力自然還能生產更多一點。不過，這種情勢的維持是暫時的，不能持久，因為在通貨膨脹的壓力不斷增大的情形之下，整個經濟必不能支持而會崩潰。至於所謂長期在總體經濟學中是指在充分就業已經存在的情形之下的景況，其中實際產量正等於潛在產量。

　　對於短期中所發生之情況的分析是一般所熟悉的由凱恩斯所提出的乘數模型。所謂凱恩斯的乘數模型我們過去曾有解釋，是指經濟社會中之獨立性的支出（如投資）之輕微的變動會引起國內生產毛額之較大的

變動。這種較大的變動是原來支出的數倍,因此這種變動之大小就可以這種倍數來表示,亦即這種變動之大小可以將原來的支出「乘」上一個倍數而獲知。這就稱為乘數模型。假若現在政府為其所辦的學校購置一千萬元的電腦設備,這樣依照上述的乘數模型就使國內生產毛額增加了二千萬元,這時乘數就是二。這也就是說在短期間這一社會的產量與就業都增加了,同時通貨膨脹的威脅也提高了。

不過,我們對於上述這種對凱恩斯乘數模型之最簡單的分析,必須同時也要將由而在金融市場與貨幣政策上所產生的反應考慮進去。由於生產數量與通貨膨脹威脅的增加,這時主持金融大計的中央銀行可能設法提高利率加以抑制,這樣就會使投資減少。同時,如果這一國家是採行匯率自由變動的制度,利率提高以後是會使其貨幣升值,這樣就會使其出口淨額減少。這些實際上的反應都會使對上述這一簡單模型中的支出乘數減小。

從以上所述中,我們可知財政政策的運行在短期間可促進經濟擴展。公共支出的增加與賦稅課徵的減

少都會刺激總體需要的擴大，由而自可使產量、就業與通貨膨脹的威脅都會增加。不過，這種對經濟所產生的擴展效果都會因而在金融上促使利率上升、貨幣升值，結果使投資與輸出淨額都會減少，而受到壓阻。

三、政府預算赤字的長期影響

現在我們可轉而討論財政政策的長期影響，特別是其發生預算赤字時對投資與經濟成長所產生的影響。這裡所探討的第一是大量外債之償還所須承負的成本，第二是所須償付債款的利息所肇致之效率的損失，第三是公債對資本累積所發生的影響等三方面的情形。現可分別略加論述。

（一）外債償還的負擔：

這裡先要指出內債與外債的差異。內債是一國對國內人民所舉的債，是國內人民所承負的，許多人認為這種內債是沒有負擔的問題，因為是「我們自己欠我們自己的債。」這種言論是過分簡化了，但基本上

也確是實情。如果每一人民都持有一千元政府所發行的債券，同時也須以向人民課稅的方式來籌措償還的金額，這種情形的確不是人民身上的負擔，是他們自己的右手償還給自己的左手。

外債的情形就完全不同，外債是外國人持有這國政府發行的債券，是外國人保有這一國家的一部分資產。例如：美國於 2008 年由於其國際收支的經常帳中出現了三兆美元的赤字。這無異是表示美國居民最後必須輸出同值的貨物與勞務，或者出售同值的本國資產給外國人。假定這筆債款每年所負的實質利率是 5%，那麼，美國人每年就須輸出一千五百億美元來償付。

由此可見外債絕對是表示債務國必須將其原可供國內使用的資源輸出來償付，是一種負擔。

（二）以課稅償付債款利息所肇致之效率上的損失：

內債必須償付利息給債權人，為完成這一義務必須向人民課稅。但是，就是因而被課稅的與收到利息

的同為一人，其中還是不可避免地會產生一些損失。因為一個人的工資或利息所得被課稅了，他（她）可能會因而減少自己的勞作或自己的儲蓄，這就是對工作誘因發生不良的影響。譬如對張三的工資課稅以償付張三持有之公債的利息就可能會使張三要減少自己的工作時間或者減少自己的儲蓄，這對於經濟社會都是一種損失。

（三）資本的損失：

大量公債所造成的最嚴重的後果也許是它替代了國民財富中的資本，因為這樣的結果是使經濟成長速度的減緩以及人民將來生活水準的下降。

公債怎會使資本減少呢？這就要追索人民之所以要積聚財富的原因。我們知道，我們大家之所以要現在多積聚財富，主要是為了要達到維持年老退休後的生計，為了目前子女的教養，為了現需住所的購置等等的目的。我們可以將這些積聚的資產分為二類：一類是公債，另一類則為資本，如住屋與金融資本，如公司發行的股票，這些都是代表私人資本的所有權。

如果其中持有的政府發行的公債增加了，那麼他們手中所持有的資本就要減少了。這也就是公債替代了資本，資本的數量就減少了，這自然會減少他們的投資。

這種所替代的私人資本可能不會是全部的，因為政府公債發行多了，可能會引起利率的上漲。這樣就可能激勵人的儲蓄。不但如此，一個國家還可向國外借款，這樣就不會使國內投資減少。這種替代的數量究竟多少就要看一國的生產情況以及其國民與外人的儲蓄行為。

如果我們要考慮政府債務對於經濟的全部影響，那麼，大量的公債可能會減緩經濟之長期的成長。

所以，總括起來說，大量的公債是會促使潛在產量的減少，因為它替代了私人資本，增加課稅對經濟效率所引起的損失，以及為了償還外債利息迫使國人消費的減少。

四、總結

　　經過以上對國債與其赤字對經濟活動所發生的影響全盤加以分析後，我們自可將其要點加以綜合，以化解這一總體經濟上爭論最多的問題。

　　財政政策對於經濟社會所發生的影響是總體經濟學中一個最為人誤解的課題，這種情形之所以發生是因為財政政策所發生的影響會因運行時間的長短而有差異。概括地說，在短期間，政府支出的增加與稅率的減低是會增加總合需要，因而會使產量增加，失業減少。這是凱恩斯對財政政策所產生之影響的體認。這種促進經濟擴展的影響大概可以持續一個相當階段。當中央銀行發覺這種擴展可能會引起通貨膨脹的發生時就會推行緊縮的貨幣政策，以資壓制。

　　在長期間，政府支出增加與稅率降低則會壓制經濟的成長率，這是財政政策對於經濟所產生的影響。這種對經濟成長所引起的影響之所以形成是當經濟處於充分就業時，政府預算赤字就會影響全國的儲蓄與投資之間的平衡。如果稅率減低使稅收減少了，就會

使公共儲蓄減少。同時在另一方面，私人儲蓄大概
不會因而增加，這樣全國的儲蓄就減少。儲蓄既然減
少，投資也會隨著減少。投資減少就使資本數量成長
減緩，最後自然是潛在產量之成長的下降。

　　財政政策對經濟所產生的這種長短期之影響的差
異是不易為人所覺察的，因而就對之產生許多爭辯。
如果對於這種長短期之不同的影響有明確的體識，這
種爭論自然也就不會產生了。

注 1： Paul A. Samuelson and William D. Nordhaus, *Economics*,
　　　　19th ed., McGraw-Hill Co., New York, 2009, pp. 633~638。

第十三章　經濟穩定的謀求

一、引言

自第二次世界大戰結束以後的這段期間，世界經濟進步的成績非常亮麗。原來富有的國家，每人平均所得與就業人數都增加很多，國際貿易的數量也同步擴展，而一些貧窮的國家，如中國與印度，亦都積極從事經濟發展，將兩類國家之間的差距減少。因此，許多人認為這是一種罕見的經濟適度增長的景況，其中經濟景氣循環的波動已不再發生，感到非常欣慰。有的「新」的經濟學家甚至根本將總體經濟學中所論述的這一部分刪除了。

但是，到了 2007 年開始爆發金融海嘯以來，情勢日益惡化，這種美滿的狂想就被摧毀了。經濟衰退與經濟蕭條這些已被擱置在歷史中的字眼又再度出現，成為人們日常生活的一種素描。因此，目前最急需的是提出對策，以防止情勢惡化。

社會中生產數量與物品價格的變化是受總合需要與總合供給的相互變動而決定的。但是，要穩定經濟循環之變動的政策基本上是取決於這些政策在總合需

要方面所發生的影響。換言之，政府用來制止經濟衰退或緩和通貨膨脹，基本上是使用它的貨幣政策與財政政策影響總合需要的成長。這裡就產生兩個關係重大的問題：第一、貨幣政策與財政政策應如何分工，才能產生穩定經濟之最大的效果？第二、政策的決定是否應依照固定的規則，還是可由決策者自己權衡利弊得失而決定之？現可對之分別略加論述。（注1）

二、貨幣政策與財政政策的相互影響

對於像美國或者歐洲這樣大型的經濟論，要想有一種貨幣政策與財政政策之最好的結合則須取決於兩個因素：一為「需要管理」（demand management）的適切性；二為貨幣政策與財政政策之配合的妥當性。現分別說明如下：

（一）「需要管理」的適切性

在經濟循環的管理上，首先要考慮的是整個經濟

的全盤狀況與總合需要之調整的適切性。當經濟是在停滯狀態時，財政與貨幣政策可用來激勵與促進經濟復甦。當有通貨膨脹之威脅時，貨幣與財政政策可用來緩和經濟進展，消減通貨膨脹的情勢。這些是需要管理可以積極使用貨幣與財政政策來影響總合需要的例證。

例如：假若經濟是正進入嚴重的衰退狀態，產量少於它的潛在數量，這時政府能做些什麼使疲困中的經濟復甦？它能增加貨幣數量或者擴大政府支出，或者雙管齊下，以增加總合需要。一旦經濟對這些措施有所反應時，產量成長與就業數量就會增加，失業則會下降。反之，當經濟處於通貨膨脹狀態時，政府就可採取相反方法以抑制之。

現在讓我們看看貨幣政策與財政政策之相對的優點與缺點。

1. 財政政策的有效性

在凱恩斯革命的早期，總體經濟學家都著重財政政策，認為這是達成需要管理的最有效的方法。後來這種政策的缺點也逐漸暴露。一是在經濟情況發生變

化與對策之採取之間要經歷相當時間，不能立即有所反應，這是所謂「政策的落差」（policy lag）。例如：以美國論，要由處理此項事務的「國民經濟研究院」（National Bureau for Economic Research）—— 一個在美國通常擔任此種判斷任務的民間組織 —— 認為經濟循環的轉捩點確實已到達，通常就要經一年之久。自這一轉捩點確定後，總統就須研究採取何種政策，這已須經歷相當時間，等到政策決定後又須經過國會的同意，又須相當時間，最後付諸實施，要等待其發生實際效果，又須一段時間。由此可見，這種政策所發生的時間落差是非常嚴重的，這就注定其不易掌握時間、發生效力。

其次，一般政治人物對於增加支出與減少賦稅的擴張政策都樂予推行，因為兩者都容易得到選民的贊同。反之，對於減少支出與增加賦稅的緊縮政策則都感躊躇，因為兩者中不是可使選民所獲之利益減少，就是會使他們的負擔加重。這樣一來財政政策的完整性就被割裂了，它只能用來拯救經濟衰退，而不會用來制止通貨膨脹。

　　現在有兩種情況是採取反循環的財政政策最有效的時機。一為在經濟衰退時推行暫時的減稅措施。這種短暫的減稅措施基本上是針對低級與中級所得的家庭而提出的，因為他們都沒有很多儲蓄，邊際消費傾向都很高。根據各國的統計數字的顯示，這種措施的確可以在短期內增加總合需要，而不致引起長期的財政赤字。

　　另一種甚至更為有效的情況是當經濟處於流動性陷阱的階段時，中央銀行已無法再從事短期的減低利率的辦法予以解救。這是當 2007~2009 年間所發生的「經濟大衰退」（Great Recession）時的情形，為了使經濟復甦美國總統與國會磋商於 2009 年通過美國史上最龐大的一個財政支援的方案。儘管有許多人擔心它對美國政府的負債所造成之長期的影響，大多數的總體經濟學家則相信這種財政政策是當時減少經濟情勢惡化的唯一可行的辦法。

2. 貨幣政策的有效性

　　與財政政策對比起來，貨幣政策對於經濟的影響是相當間接的，一種擴張性的財政政策實際上就是在

社會上購買貨物與勞務，或者將所得分給消費者與企業界的手中。貨幣政策則要通過利率、信用狀況、外匯率與資產價格的變動去影響社會各界的支付。在凱恩斯革命的早期，有些總體經濟學家就懷疑貨幣政策的有效性，並表示「貨幣政策就像將一根線向前推，是不會向前移動的。」但經過過去 20 年的體驗以後，這種疑慮是消解了，因為中央銀行已顯示它能如何使經濟活動收縮或增多。

中央銀行對於穩定經濟的操作實際上比財政決策者更為靈活。它有許多專業的經濟學家對於經濟情況的瞭解比任何人都不遜色。當經濟局勢突然變動需要加以控制時，它就能迅速採取行動。例如：當 2008 年 3 月 14 日星期五，美國有一群金融機構發生周轉不靈使投資銀行貝爾斯登（Bear Stearns）發生嚴重的流動性問題時，聯邦準備局（美國的中央銀行）必須在下星期一開市前就提出解救辦法，聯邦準備局就在星期日與美國財政部合作將貝爾斯登交由摩根（J. P. Morgan）銀團接收，並為它的主要自營商開啟一個嶄新的信用門徑。這種辦法絕不是立法機關能在如此短促的時間

提得出來的，而財政政策則必須經過立法機關的同意才能推行的，這是財政政策不及貨幣政策之處。

中央銀行對於政策的決定都享有獨立的超然的地位，其採取任何措施都可依據自己對經濟情勢之變動的決斷而自行決定，不受任何其他機關的牽制，所以極具機動性，因而所能發揮的效果也就更為宏著了。例如：當需採取緊縮政策以抑制通貨膨脹時，它就不怕採取不為人所歡迎的對策。從需要管理的觀點來論，最重要的是貨幣政策能做任何財政政策所能做的，或能夠消除任何財政政策所造成的後果。在這裡要略加保留的是當經濟陷於流動性陷阱，名目利息是零或接近零的時候，貨幣政策就完全失去它激發經濟復甦的能力。因此這時財政政策就必須負起促進經濟重振的責任。

現在我們可將財政與貨幣政策目前所處的狀態加以總結如下：

由於中央銀行享有政治上的獨立性，並能迅速做出決策，它們就穩定地站在防衛經濟抵制循環突然波動的前哨。權衡性的財政政策則成為拯救經濟衰退時

的良藥。當經濟面臨流動性陷阱之危機時，財政政策必定是謀求經濟穩定的基本來源。

（二）貨幣政策與財政政策之配合的妥當性

影響財政與貨幣政策的第二個因素是兩種政策之配合的妥當性。所謂財政政策與貨幣政策的配合（mix）是指兩者的相對效能以及對經濟各部門所發生的影響。財政與貨幣政策之配合的變動是一種方法，將其中之一加以緊縮而放鬆另一種的結果不會使總合需要發生變動，因而也不會使生產總量發生變動。這裡的基本思想是財政政策與貨幣政策在需要管理上是可以相互替代的。但是，儘管兩者之不同的組合可以用來穩定經濟，它們對於產量的組成則有不同的影響。政府可以通過賦稅課徵及公共支出與貨幣政策之不同的配合改變國內生產毛額中之使用於企業投資、消費數量、輸出淨額，以及政府對於貨物與勞務的購買等等部門的數量。

實際上兩者如何配合在美國曾引起熱烈的辯論，現可將其中兩種主要的不同意見略加傳述。

1. 寬鬆的財政政策與緊縮的貨幣政策之配合

假定經濟當初是處於通貨膨脹低，產量也不達其潛在力量所能及的程度，一位新任的總統決定須大量增加國防支出而不增加賦稅的課徵。這樣自會增加政府赤字與總合需要。在這種情形之下，聯邦準備局就決定採取緊縮的貨幣政策，以防止經濟過度振奮。結果會使實質利率上升與美元外匯增值，上升的利率會使投資減少，同時增值的美元會使輸出淨額減少。因此，這種國防支出增加就會使國內投資與輸出淨額都減少。這是美國在 1980 年代所採取的辦法，到 2000 年代又再如此操作。

2. 緊縮的財政政策與寬鬆的貨幣政策之配合

假定一個國家憂慮國內國民儲蓄率偏低，而想要提升投資，俾能增加資本數量與潛在產量的成長率。要實行這種辦法，這一國家可以增加消費稅，減少移轉性支付，使人民手中之可支配所得減少而達到減少消費的目的（這就是緊縮的財政政策）。這時可同時採取寬鬆的貨幣政策，以降低利率而增加投資，降低外匯率而增加輸出淨額。這種辦法可以增加國民儲蓄，

鼓勵私人投資。這是美國在 1990 年代採取的辦法，到了 2000 年則促成政府預算的盈餘。

三、規則與權衡的論爭

我們已經瞭解財政政策與貨幣政策在原則上是能夠穩定經濟的。許多經濟學家相信各國應該切實採取步驟將經濟循環中的尖峰與谷底予以削除。另有一些經濟學家則懷疑我們有能力預測經濟循環何時會發生，而於正確的時間採取正確的辦法，予以更正。這群人認為他們不相信政府能制定良妥的經濟政策，所以由它裁決的自由應該嚴格地予以限制。

例如：對財政事務持保守態度的人就擔心國會輕易增加支出與減少賦稅，而不會採取相反的措施。這就是說在經濟停滯時很容易增加預算赤字，但在經濟繁榮時則不會採取反循環的政策以減少赤字。唯其如此，這群保守人員曾數次設法限止國會自由增加支出的能力。

同時，一群對貨幣事務持保守態度的人就要捆住

中央銀行的手，迫它設法制止通貨膨脹。這種辦法就可減少政策的不確定性，而增加中央銀行之作為通貨膨脹之制止者的信用。

一般地說，這種關於規則與權衡的辯論，歸根究柢，是決策之伸縮性所發揮的利益是否被毫無約束的決定所肇致的不穩定性與可能發生的弊病超過了。那些相信經濟是先天不穩定的、複雜的，而政府則大都能提出妥善對策的人，給決策者以廣大的權衡範圍去從事這種工作是妥當的。另一方面，有些人則認為政府正是造成經濟不穩定的根源，其中的決策者常是自私自利，極易作出錯誤的判斷，因此主張限制職權，不能任其恣意裁決。實際上，近年來隨著情勢的發展兩派人士都有許多意見的提出。現以美國為例，將他們對於處理財政事務的國會與主管貨幣事務的聯邦準備局的權限所採行的主張略加敘述。

（一）立法機關所具有的預算權應加限制？

鑑於 1980 年代美國政府的赤字日益擴增，許多人認為國會對於政府支出毫不加限制應予以制約。那麼

如何制約呢？有的人主張修改憲法規定每年預算必須平衡。對於這種意見經濟學家大都反對，因為他們認為這樣會使政府很難對經濟衰退有所解救。對目前為止，這種修憲主張就一直不能通過，而提出另一系列的限制支出與減稅的規則以取代。先於 1985 年通過的法案中規定每年必須減少的赤字，並規定於 1991 年預算必須平衡。但這種辦法還是失敗了，乃行取消。

　　第二種辦法是於 1990 年採行所謂「先籌款後支付」（pay-as-you-go）的預算規則。這是規定國會對每項支出必須先籌妥經費來源而後才能進行。這樣政府若要舉辦一項新措施，不是增加賦稅，就是減少原來的其他支出，對於預算自然可以獲得相當的控制，這種辦法推行以後，成績頗為卓著，到了 1998 年政府赤字年年減少，到 1998 年赤字不但沒有了，而且還有盈餘。自此以後對這種辦法的推行也就放鬆了。最後到 2002 年這種辦法也就廢除了。許多經濟學家認為「先籌款後支付」的辦法是限制國會濫花錢的有效措施而主張恢復，到 2009 年就有議員提出這種建議。

（二）中央銀行對貨幣數量的調節應按規則進行？

　　唯貨幣論者如費利曼主張制定貨幣增加的固定規則，他們的傳統論據認為私人經濟是相當穩定的，政府積極參與主動提出政策，可能只會引起經濟波動，不是經濟穩定。不但如此，中央銀行雖標榜獨立自主，但事實上有時也仍會受政府影響，這樣每當政府將臨改選季節就可能會增加貨幣數量，以利各項支出的進行而獲人民歡心，導致形成所謂政治的經濟循環。固定的規則可捆住中央銀行，使它不能輕舉妄動。同時，一般總體經濟學家對於政府事前對其政務之推展所做的承諾非常重視，如果中央銀行能事前宣稱對於貨幣數量之調整必須遵守規則而行事，這時人民對於通貨膨脹之預期就可能會按照其所宣布之規則而形成。這對於整個經濟之穩定可能就會產生宏著的效果。

　　最近十年來出現了一種很重要的新發展，這就是許多國家都趨於推行「通貨膨脹目標區」（inflation targeting）的制度。所謂「通貨膨脹目標區」約有下列的特色：

1. 由政府或中央銀行宣布維持低度的穩定的通貨膨脹是貨幣政策的首要目的。

2. 這一目的不是真正的物價穩定，而是通貨膨脹所能保持的伸縮程度，例如每年 1~3%，貨幣政策就是以通貨膨脹能維持在這一伸縮程度之內為目標。該伸縮程度就能成為貨幣政策所要達成的通貨膨脹目標區。

3. 上述所謂低度的穩定的通貨膨脹是貨幣政策的首要目的，是指在中期與長期間的情況而言。在短期間，各國的貨幣政策自需考慮為求經濟穩定所要達成的其他目的，特別是有關產量、失業、金融穩定與外匯率等方面的變化。在短期間，供給方面的突然變動會影響產量的減少與失業的增加，為避免產量的過度損失或失業的過度增加，自可暫時放棄通貨膨脹目標的堅守。

　　主張推行通貨膨脹目標區制的人指出這種制度有許多優點。如果在長期間失業與通貨膨脹之間沒有抵換關係，一個適切的通貨膨脹目標區是一種使價格機制發揮最大效率的辦法。不但如此，有些經濟學家

相信政府對於低度的穩定的通貨膨脹之維持所做的強烈承諾，可以改進通貨膨脹與失業之間抵換的短期情況。最後他們還認為通貨膨脹目標區的宣示，可以增加貨幣政策的透明度。

通貨膨脹目標區制是以規則為基礎的方法，與純粹的權衡政策之間的折衷。如果中央銀行對於通貨膨脹的規則遵守過分嚴格，那麼它的主要弊病也就會出現。儘管事實上供給方面已經發生了嚴重的變化，它還是嚴守規則，不做任何變通的應變辦法，結果自然就只有聽任失業大量增加了。對於這種措施表示懷疑的人就認為社會經濟的情況太複雜了，不是一成不變的固定規則所能應付的。他們打比喻地問：「我們可以不顧氣候的變化與緊急事態的發生而對行車的速度規定一個固定的限制嗎？」

批評者指出 2007~2009 年間的金融危機可做為完全依照嚴峻目標行事之危險的一個例證。在那一時間，聯邦準備局一直在降低利率並擴伸信用，甚至當供給方面已發生突變已使通貨膨脹到達超越它所認為可以忍受的範圍時仍不做任何的改變。如果當時聯邦

準備局完全遵守通貨膨脹目標區行事而提高利率、緊縮信用，結果致使這一時期的經濟衰退更為嚴重。但是，實際上，聯邦準備局則相反地集中力量去紓解經濟，使之脫離衰退惡化的困境，以防止金融機構整個崩潰。

　　貨幣政策不能消除所有的經濟衰退或每次通貨膨脹之短暫的惡化，但若能獲得財政政策的協助，則可減少經濟衰退之過度或惡性通貨膨脹的發生。

　　規則與權衡的辯論是政治經濟學中的一個最古老的問題。這種情形之存在，正反映出在民主社會中要在為爭取政治支援的短期政策與追求一般福祉之改進的長期政策之間做出決定的困難。沒有一個最好的辦法是可以適用於所有的時間與地點的。就貨幣政策論，美國則已創立了一個獨立的中央銀行，它須向立法機構負責，但當金融危機來臨時，則可自行決定採取強有力的行動，美國就以這種制度來解決這種兩難的困局。

注 1： Paul A. Samuelson and William D. Nordhaus, *Economics*,

19th ed., 2009, pp.643~646。

第十四章　經濟成長與人群福利

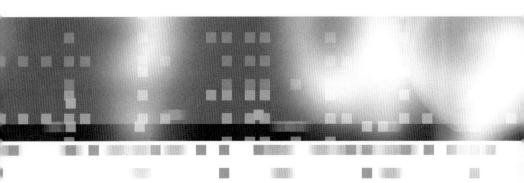

　　福利的享用是人群所期盼的，要使之成為事實，自須有眾多的貨品源源不斷地供應，而要達到這種情形則有賴於經濟成長。因為所謂經濟成長是表示一個經濟社會能將其資本設備累積得更多，技術知識推進到更新，而讓生產力不斷增加的過程。只有通過這一過程，才能有眾多貨品的充分供應。換句話說，所謂經濟成長是表示一國潛在的國內生產毛額或者國民生產毛額之擴展的過程，與此密切相關的概念是每人平均產量的增加率。該數率決定一個國家生活水準提升的速度，同時，也是國民所能享受之福利的增長速度。

　　那麼，這一過程是怎樣推動的呢？以及又如何推行得更有成效呢？這是經濟學家長期研究而欲提出解答的一個主要問題，薩繆森在這方面自亦有許多研究，現可將其所獲的成果略加敘述。（注1）

一、經濟成長的因素

　　首先要說明的是經濟成長是怎樣進行的？經濟學家都發覺今天不論是富裕的國家，還是貧窮的國家，

他們的經濟進步都是由下列四個因素所促成的。

（一）人力資源

　　人力資源有兩種，一為勞動的數量，也就是勞動力的總合；二為勞動的素質，也就是勞動力的技術、知識與紀律。許多經濟學家認為後者比前者重要。因為現代的電信設備，精緻的電力設施等等資本財可以從國外購置，但其操作則須透過技術高超且訓練有素的人員，這就不能從國外聘僱了。同時，如果工人的閱讀能力、健康狀態、工作紀律等等方面有所提升，特別是具備運用電腦的能力，對於勞動的生產力都有很大的貢獻。

（二）自然資源

　　重要的自然資源是可耕的土地、石油、天然氣、森林、水資源、礦產與氣候等等。但在現代世界、自然資源的占有不是經濟成功的必須條件。許多國家如日本雖無豐富的自然資源，但可多利用勞動與資本，以彌補此種不足而仍能肇致經濟進步。

（三）資本

　　資本包括有形的與無形的兩類，有形的資本如道路、機器、工廠、電腦、房屋等等；無形的資本則如商標、專利等等的智慧財產，以及電腦軟體都包括其中。但在經濟史上最為動人的是關於資本累積的事跡，在 19 世紀時有橫穿整個美國國土的鐵路構築，將整個國家結合成為一個攸切相關的有機體。在 20 世紀時，又有大量投資汽車、道路、電廠等等的供應，使生產力大為增加。後又創建了一批公共設施，促成新工業的建立。許多人相信目前電腦與資訊技術將會像過去從道路與公路之興建那樣，為 21 世紀帶來了一個嶄新的世界。這種資本累積之能夠進行，是由於人民儲蓄能力的增加，以及許多人長期減少消費忍受苦難所形成的結果。

　　當我們想到資本時，我們必須不僅是留意電腦與工廠。許多可促進私人部門有效率地運行的投資是要由政府進行的，這些投資稱為「社會間接資本」（social overhead capital），包括在工商業進行之前就須具有的大規模投資項目，如道路、灌溉與水資源之系統工程

以及公共衛生設施等等。所有這些都是大量的投資計畫，而且是一個「不可分割的」整體，有時是可產生規模報酬遞增之效果。這些投資計畫都具有「外部效應」，或者是「外溢效應」，不是私人投資廠商能夠得到報償的，因此，政府必須插手，予以創建。

（四）技術變動與創新

　　除了以上三個基本因素之外，技術進步是生活水準迅速提升的第四個非常重要的因素。歷史上所有的經濟成長絕對不是只將原有的煉鋼廠或電力廠一個一個地重複增加的過程。它是一個永不止息的發明與技術進步的過程，是這樣的過程引導出歐洲北美與日本的生產力的大量增加。技術變動是表示生產程序上的變動，或者新產品與勞務的提出。過去曾引起生產力上之巨大增加的程序發明，有蒸氣機、發電機、內燃機、傳真機等，而主要的產品發明則有電話、無線電、飛機、留聲機、電視等，然而，現代最驚人的發展是在資訊技術方面，這些發明提供技術變動之最突出的例證。但是，儘管如此，技術進步實際上是一個

細微的與巨大的改進之持續不斷的過程。同時，經濟學家長期以來也經常沉思如何鼓勵技術的進步，因為它對於生活水準的提升關係太大了。最後終於覺得技術進步是一個複雜的與多層面的過程，無法找到一個成功的單方。

在非常長的時期中，世界產量與財富的成長，主要的是由於知識的增加。但是，促進知識的產生與傳布的制度，以及引導人們從事這種工作的誘因則為人類歷史後期所發展而成的，在西歐即為過去五百年逐漸形成的。

經濟學家與經濟史學家都認為創新有賴於誘因與制度的建立，他們特別指出私有財產權、專利制度與以法律為基礎去裁決糾紛的辦法是促進創新的方策。

二、經濟成長的理論

（一）古典的理論

經濟學家很久以來就在研究各種不同因素在決定經濟成長之相對重要性的問題。最早期是亞當・斯密

與馬爾薩斯之重視土地對經濟成長的重要性。亞當‧斯密的《國富論》就為經濟發展提供了一本手冊。他開始描述早在土地私有與資本累積發生以前的純樸而美妙的田園時代（idyllic age）的情形。那時土地是大家可以利用的。在這樣一個黃金時代的經濟成長，又是怎樣一種景況呢？由於土地是大家都可以免費使用的，那麼，隨著人口的增加，每個人都可散居於所有未經利用的土地上，這時每個人勞動所獲，自然也全部歸由自己所有。所以這時的工資就是自己勞動的全部產物，全國的產量隨著人口的增加而增加，因此每人的平均所得的工資，在這段期間是不變的。

但是這一黃金時期，卻不能永遠繼續存在下去。土地的數量畢竟有限，如果人口不斷增加，那麼所有土地將被占用，此時如果人口再增加，則每人平均所能利用的土地就要減少。每人所能利用的土地既然減少了，每人勞動所獲自然也要減少了，這樣他的工資自然也要減少了。馬爾薩斯看到這種情形以後就提出一個報酬遞減的定律，他認為人口不斷增加以後，勞動所獲的工資必定不斷下降。這種情況不斷演變下去以後，工資就只

能維持到足以保全生命的境界才不再下降。如果工資是在這一足以維持生命以上，那麼生育就會增加，人口也會增加；如果工資低到不足以維生的水準之下，則死亡率就會增加，導致人口減少。所以人的命運是很悲慘的，只能在這一維持生命的工資水準上下不斷地掙扎，這就是古典經濟成長理論。唯其如此，就使當時的哲學家卡萊爾（Thomas Carlyle）要認為經濟學是一種憂鬱的科學（dismal science）。

（二）新古典的經濟成長理論

但是，馬爾薩斯的預言沒有成為事實，因為他忽略了技術創新與資本投資能克服報酬遞減律。土地並非生產的限制因素，相反的，18 世紀時就發生了第一次產業革命，帶來了電力發動的機器，集合許多人在一起工作的工廠，將整個世界聯結起來的鐵路與輪船，以及鋼鐵等原料以製成更強而有力的機械與火車頭，這些都使世界上的貨品產量大為增加。到了 20 世紀又產生了第二次產業革命，造成電話、汽車與電力產業的興起。資本累積與新技術的形成就成為經濟發

展的主導力量。現在已是 21 世紀了，這時已出現電腦與相關的軟體物件，將來也許為人類社會帶來了第三次的產業革命。

為了瞭解資本累積與技術變動如何影響經濟成長，我們必須提出經濟成長的「新古典模型」（neoclassical model of economic growth），這是由蘇羅開始建立的，他主要是因此而於 1987 年獲得諾貝爾獎。

該模型是描述一個經濟社會以資本與勞動這兩種不同的生產要素從事一種同質的產品而生產的情形。與馬爾薩斯相反，勞動增長情形假定的已知。同時這一經濟社會是在完全競爭與充分就業的狀況下運行的，這樣我們就能分析潛在產量的成長。在這一新古典的成長模型中有兩種新的成分須待研究，這就是資本與技術變動。現在假定技術沒有變動，資本包括耐久的製成的貨物，是製造其他貨物所必須的。資本財包括像工廠與房屋這類的構造物、像電腦與機械工具設備，以及已製成的存貨與正在製造中的財物。

現在轉而看看經濟成長的過程，經濟學家很重視「資本深化」（capital deepening）的需要。所謂資本深化

是這樣一個程序，其中每一工人所使用的資本數量在一段時間中是增加的。現可舉幾個例子來說明這種情形，農人使用採菓機不再僱用無技能的工人、築路者採用築路機不再用使用尖鋤與鏟的工人、銀行設置取款機不再僱用出納員。這些都是說明經濟社會如何增加每個使用的資本，這就是資本深化的意義，結果讓農業、築路與銀行業中的每一工作人員的產量大量的增加。

在這種資本深化的過程中，對於資本的收益會發生什麼影響呢？在技術不變的情形下，對工廠與設備之投資的快速增加會使資本收益率趨於減少，其所以如此是因為最值得投資的項目必會首先推行，自此以後的投資所能產生的收益自然減少。例如：鐵路的鋪設已布滿所有人口眾多的地區，後來的投資就只有向人口稀少的地區發展，前者的收益自然比後者多。

同時，付給工人的工資會隨著資本深化而趨於增加，因為每個工人能有較多的資本幫助他工作，他的邊際生產量因而增加，結果是競爭的工資率就隨著勞動的邊際生產量的增加而增加。

　　我們可將新古典成長模型中資本深化所產生的影響總結如下：當資本數量增加較勞動增加快時，就發生資本深化的現象。在沒有技術變動的情形之下，資本深化會使每一工人之產量、勞動邊際生產量與實質工資的成長，它也會使資本的收益遞減，因而造成資本收益率下降。（在完全競爭、沒有風險、賦稅或通貨膨脹的情況之下，資本的收益率就等於債券與其他金融資產的實質利率。）

　　這是資本深化在短期間所產生的影響，那麼長期的情形又如何呢？很顯然的，這種資本深化的情形就會中止，因為資本的數量畢竟也有限，而人口則自然增加，這樣資本與勞動之間的比率就不能不斷擴大，實質工資也會停止上增，資本收益與實質利率就會維持不變。但是，事實上，在上一世紀實質工資絕對不是停滯的，而是不斷增加。這是什麼緣故呢？這就是沒有將技術變動這一因素考慮進去。實際上，簡單的資本累積模型不能解釋生產力長期擴增的事實，它只是開始瞭解經濟成長的第一步，要瞭解全貌必須考慮技術變動的作用。實際上，技術變動是經濟成長之所

以能夠達成的關鍵因素，特別可以注意的是技術變動
對於利潤率與實質利率的影響。技術進步的結果，讓
實質利率不須下降，發明增加資本的生產力，這就抵
消了利潤率下降的趨勢。

那麼，技術變動是怎樣出現的呢？最近對於經濟
成長的研究已開始將重點放於技術變動之根源的問題
層面。對於這種研究有時也稱「新成長理論」（new
growth theory），它要找出技術變動所發生的過程，其
中私人市場力量、公共政策決定以及各種不同的制度
都會引導出技術變動的不同形式。

這種研究強調技術變動是一種經濟體制的產物，
其中有許多傑出人士參加，有的成功了，如愛迪生
（Edison）的電燈，最後成為百萬富翁，有的則不幸失
敗了。同時，該研究還指出技術變動另一種特性就是
它們是公共財，是具有共享性（nonrivalry），而無排他
性（nonexcludability）的特質，它們是可以同時供許多
人使用，而不會被使用罄盡。同時發明是很費錢的，
但它們的使用卻極為便宜，有時甚至是免費的。

三、經濟成長的政策

從以上的討論中，我們可以知道，經濟成長使國民的生活水準得以提高，實是總體經濟政策的一個基本目標。在這種情形之下，就正如克魯曼所說：「生產力不是所有的一切，但以長期而論，它差不多就是所有的一切。一國在一段期間要改進生活水準，幾乎完全決定於增加每一工人之產量的能力。」（注2）那麼公共政策又如何能促進經濟成長呢？從上面之所述中可知，主要是從促進資本累積與技術變動入手，尤其是後者。而技術變動不僅包括新的產品與製造程序的更新，還包括管理方面的改進，以及企業精神的發揮。在這裡政府所須做的努力為設立一個健全的經濟與法理結構，然後讓人民在該範圍中自由活動。「勞動、資本、產品與觀念的自由市場，已被證實是創新與技術變動的最肥沃的土壤。」（注3）

在自由市場的架構中，政府的政策可從需要與供給兩方面去促進技術的快速變動：

（一）倡導優良技術之利用的需要

今日世界上有許多優良的技術未被採用，不然我們又如何解釋各國之每人平均所得有巨大的差異。因此政府在考慮技術政策時，必須要確保各類廠商與產業都能邁往技術的頂尖疆域而發展。要完成該目標，最重要的是推動各業的相互競爭。只有在各廠商與各產業之間從事強烈競爭，然後從優勝劣敗中決定利益的分配，才能促成技術的進步。

強烈的競爭可分國內與國外兩種。以技術已居於頂尖區位的大國論，國內的競爭是促進創新所切需的。例如：以美國論，過去三、四十年的管制疏解運動的推行，就使其航空、能源、電信與金融諸業，都能從相互競爭中獲得許多技術上的更新。以小型的後進國家論，輸入的競爭是引導進步技術與確保產品競爭的關鍵因素。

（二）增進新技術的供給

政府可以從下列三種方式去增進新技術的供給。

第一、由於上述技術變動是一種公共財，政府可

以保證各種基本科學、工程與技術方面研究，所需的經費予以充分支援。同時對研究成功的利益以專利、商標等智慧財產權的方式予以充分保護。

第二、政府可以通過對國外公司之投資予以鼓勵，俾能由而促進國內技術的進步。

第三、政府可以推行適當的總體政策，以促進技術的刷新，例如：對資本所得之課稅予以減低，這就可減少廠商的資本成本，使其增強創新的意願。

最後薩繆森對於經濟成長還說了這樣一段話：「自從凱恩斯革命以後，市場民主國家的領袖們相信他們能夠興盛，並能迅速成長。利用現代經濟學的工具，國家能緩和失業與通貨膨脹、貧窮與富裕、特權與剝奪等等之極端情勢的發展。的確，由於市場經濟曾經歷過一段前所未有的產量擴展與就業增長的時期，在這些目的中許多業已達成。

在這同一時期中，馬克思主義者吹毛求疵地說資本主義注定會在劇烈的蕭條中毀滅。生態學家恐懼市場經濟會窒息於他們自己造成的塵煙之中。自由至上主義者則擔心政府的計畫會引導我們走上一條奴役之

路。但是這些悲觀主義者都忽視企業精神，它是一個開放社會所培育出來的，它會不斷地激發出一系列的技術改進。

凱恩斯曾對經濟成長提出一段既適用於過去也適用於今天的言詞：『這是企業建造並改進世界上所有的一切。如果企業是在進展中，不管節儉發生了什麼問題，財富仍會聚集。如果企業是在沉睡中，不管節儉也許是再如何的努力，財富則會喪失。』」（注4）

薩繆森就這樣結束了對於經濟成長的討論，終其一生，他是深深地相信他生活在其中的這種混合經濟是會導致人群福利之享受的不斷增進的。

注 1： Paul A. Samuelson and William D. Nordhaus, *Economics*, 19th ed., 2009, pp.502~511。

注 2： Paul Krugman, *The Age of Diminished Expectations*, MIT Press, Cambridge, USA, 1990, pp.9。

注 3：　同注 1 書，pp.649。

注 4：　同注 1 書，pp.650。

我的學思生涯

——施建生教授訪談紀錄（注1）

訪談時間：2010 年 6 月 21 日

訪談地點：台北市長興街中華經濟研究院

訪談及記錄：國史館協修許瑞浩

一、求學歷程

（一）高中軼事

比起那些優秀的學子，我算是不太會念書的，因此我考高中及大學的過程並非一帆風順。初中畢業後，參加杭州好幾所公私立高中的入學考試，都未錄取。到了 9 月快開學了，才考上位於吳興的東吳大學第三附屬中學（第一附中在蘇州、第二附中在上海）。

吳興別稱湖洲，離杭州有一段路程，當時京杭國道剛開通，（注 2）我搭公車赴考，晚上住在當地的旅館，旅館常有妓女來做生意。這是我生平第一次去吳興，也是第一次坐公車、第一次住旅館，更是第一次知道有娼妓這回事。

放榜時，校方在牆上張貼一張小小的告示，榜上有我的名字，但注明是試讀生，榜上沒有所謂的「正取」與「備取」。大家都不明白什麼是試讀生，也不敢問，我膽子較大，就跑去問學校人員：「我們是試讀生，可不可以來讀？」他們回答：「歡迎來讀。」終於有學校念了！

　　我讀了一年就想轉學，希望插班考上比較好的學校，如當時杭州最好的高中 —— 浙江省立杭州高級中學。結果又沒考取。差不多又到 9 月了，所幸看到廣告，杭州還有一所私立學校蕙蘭中學（Hangchow Wayland Academy）正在進行第二次招生，第一次招生時我沒被錄取。我再次報考，報名時要繳交轉學證明書，背面都會由招生委員會蓋驗訖章。我的證明書背面蓋滿了圖章，算不清考了多少間學校。負責受理報名的工讀生，收到證明書後一瞧，即知我之前考過，就大聲對著我們一大群排隊報名的人嚷嚷：「施建生，第一次考過的啊！」大家聽了都大吃一驚，但無人作聲。我就回答：「怎麼樣？考過一次就不能考第二次嗎？老實說，學校第二次招生，我第二次來考，因為有你們這種學校，才有我這種考生，非常相配。」

　　考完放榜，我們都站著等學校貼榜，大家都翹首引領著急張望。由於是按照初一、初二、高一、高二的順序張貼公告，所以最後才看到「施建生」列名高二的榜上，而且是第一名，我謙稱「那是依報名先後排列的吧。」

　　蕙蘭中學是教會學校，英文課由外籍老師來教，我們的老師 Miss Edgar 是一位老小姐，上課都說英文。教室座位是按身高排的，那時我個子比較小，所以是 4 號，坐在第一排。我當時的綽號叫「麵包」，因為臉圓圓的。

　　記得有一次發英文考卷，是按座號發還，大家都拿到卷子了，就只有我沒有，我心想這下糟糕了。後來 Miss Edgar 出示我的試卷，並說：「This is the best paper I have ever seen.」這句話我到現在都還記得。班上同學都以懷疑的眼神注視我，心想「麵包」的成績怎麼可能這麼好，一定是作弊。不過天知地知自己知，我確實沒有作弊。老師是臨時出題，根本沒有考古題，如何作弊？連我也不相信我的成績竟然會這麼好，但卻是事實，所以我並不怪別人懷疑我。

　　我由此事學到一個教訓：你做壞事別人永遠記得，好事卻永遠記不得。別人都記得我的功課不好，成績突然好起來，一定有問題。然而從此以後，我就風光了，對學業也比較認真了。

（二）大學點滴

　　教會學校彼此之間都有連繫，因此每年各教會大學都會到各教會中學招生，如果學生有意願，畢業之前就會派人來舉行考試，對我們來說很方便。班上同學都想先報考東吳大學（Soochow University），為後來萬一考不上國立大學時預留後路，只有我想考滬江大學（University of Shanghai）。東吳大學在蘇州，滬江大學位於上海的楊樹浦。

　　為何選擇去上海讀書呢？高三畢業旅行時，到上海、南京、蘇州等地遊歷，校方美其名為訪問各地大學，實際上是去玩。經我一番比較：杭州是浙江省會，規模說小不小，說大又遠不如上海；然而「上有天堂，下有蘇杭」，蘇州雖然名列杭州之前，卻是個小城市，所以又比不上杭州，更無法與上海相提並論。我對滬江大學印象非常好，學校濱臨黃浦江，校舍典雅，尤其女生很多又很漂亮，足登高跟鞋，十分摩登，所以心嚮往之。

　　最後我卻附和眾議，和同學一起報考東吳大學法學院（Law School），結果大家都考取了。當然我們

還是以就讀國立大學為優先,先考上私立大學只是當作備胎。所以後來我又去考國立大學。如北京大學、中央大學等名校,那時並無聯合招生制度,而是各校單獨招生。不過,著名大學在全國各大城市多設有考場,像我就是在上海考北大的。我一校接著一校應考,但是全軍覆沒。

　　東吳跟我有緣,高中、大學都讀這所學校。東吳大學本部在蘇州,法學院則在上海。大一都在蘇州上課,之後才去上海。有一位名人和我同時進東吳大學,我認得他,他大概不認識我。這人是蔣建鎬,也就是蔣緯國,蔣中正委員長的養子;哥哥蔣建豐,也就是蔣經國。兄弟名字取自奉化縣溪口鎮蔣氏故居「豐鎬房」。由於養母姚冶誠(蔣中正的側室)大部分時間住在蘇州,蔣建鎬就在蘇州讀東吳大學第一附屬中學,我讀第三附中;他讀東吳大學理學院時,我讀法學院。那時蔣中正推動新生活運動(1934~1949年),一有集會,學校都要推派學生代表出席,東吳大學就選蔣建鎬。其實蔣建鎬總是奇裝異服,典型的公子哥兒,一切穿著都是最違背新生活運動的精神的。

　　在東吳大學讀了半年之後，決定重考，從一年級念起。我隻身一人遠赴北平，那時北京已改稱北平。我在北平舉目無親，只認識張公量一人，他是我的小同鄉，大我幾歲，杭州高中畢業，北京大學歷史系的高材生。之前我在胡適主編的知名刊物《獨立評論》上看到張公量的文章，就大膽寫信問他，能否去北平找他？他回信表示歡迎，並到火車站接我。所以我就到北平準備考大學，住在公寓，同時也在北京大學旁聽胡適和傅斯年等教授的課。那時北平在大學附近的公寓都是由準備考試的學生或重考生所分租的宿舍，考上了就去住另外的學生宿舍。這些公寓在清代都是考秀才落榜的老童生因為旅費昂貴而留下來住，準備明年再考的。

　　我報考了北京大學、南京的中央大學，居然都考取了！（不知何故，沒有去考清華大學。）從此以後我再也不相信考試，因為我自問這一年來並沒有什麼進步，為何去年都名落孫山，今年卻通通榜上有名。

　　前面提過，那時沒有大學聯考，是個別招生的，但好的大學還分別在好幾個地區舉行考試，所以榜單

刊登在報紙上公告周知。當時全國性的報紙很少，父親看了上海版《大公報》，知道我考上北京大學和中央大學。之前我已寫信報訊，但父親還沒收到我的信，就先從報紙得知消息。稍後父親來信，說他知道我兩所大學都考取了，由於北方局勢不穩，不知何時會和日本開戰，所以叫我不要念北京大學，去念中央大學。因為他是金主，我只好乖乖聽話。

我從北平搭津浦線南下，當時長江上還沒有大橋，車子過不了江，大家都在浦口下車，轉乘渡船到下關，再換火車到南京。後來我第一次回大陸時，當地已建好長江大橋來接通兩岸的鐵路。（注3）

1935 年，我進入中央大學，最初是念社會系，全系只有四個學生，教授人數超過學生。由於學生太少，念了一年後，校方決定社會系與哲學系合併。我對哲學不感興趣，所以轉經濟系。

兩年後，中日戰爭爆發（1937 年）。羅家倫校長（1932 年 8 月~1941 年 6 月）在南京對我們訓話，語調悲淒。我們隨學校西遷，一路上但見哀鴻遍野，最後抵達重慶的沙坪壩。中央大學是最早西遷的學校之

一，準備也最為周全，老早就計劃好遷到重慶。

此外，國立北京大學、國立清華大學及私立南開大學也於抗戰時期（1937 年）遷至雲南昆明，共同組成國立西南聯合大學，簡稱「西南聯大」；另外也有西北聯合大學。（注 4）南開大學是由張伯苓創辦的，他的南開中學更加出名。最近齊邦媛女士的《巨流河》，就有敘述她的母校南開中學在抗戰期間的往事。

中央大學遷到沙坪壩，那裡原本就有四川省立重慶大學，我們在旁邊興建臨時校舍，開始上課。瓊瑤的暢銷小說《幾度夕陽紅》即以此時此地為背景。

1938 年，經濟系的新生如邢慕寰等人紛紛於 9 月 30 日抵達沙坪壩，向中央大學報到，我和他們在不同校區上課。他們的新生都在嘉陵江上游的柏溪分校上課。他們的同班同學王作榮過了 10 月才報到，學校收了他，雖因逾期而不能註冊成為正式生，但可申請公費貸金（補助膳食費用），王作榮因此比邢慕寰晚一年畢業（1943 年）。

中央大學後來更名為「國立南京大學」，（注 5）是中共取得政權後，唯一改名的國立大學，可能是有

「中央」二字的緣故。

（三）留學美國

　　1939 年，我從中央大學經濟系畢業。做了幾年事之後，政府開放自費留學，我通過考試，申請到美國的哈佛大學讀研究所。1944 年，我隻身從重慶出發，飄洋過海遠赴美國。

　　1945 年 5 月 7 日或 8 日，哈佛校園中的教堂突然鳴鐘，慶祝 V-E Day（Victory in Europe Day，歐戰勝利紀念日）。我和外國同學同感高興，但中國還在打仗。8 月 14 日，教堂的鐘聲又響，迎接 V-J Day（Victory over Japan Day，對日抗戰勝利紀念日，或稱 Victory in the Pacific Day, V-P Day）。我這一輩子親身體驗中國受盡帝國主義的欺壓，現在終於翻身了！

　　然而，就在翌日早晨，我去哈佛廣場（Harvard Square）買報紙。我永遠記得《紐約時報》（*New York Times*）頭版新聞標題大大刊登「CIVIL WAR IN CHINA」（中國爆發內戰）。而當天的社論（editorial）寫著：「Unhappy People in an Unhappy Land.」（不幸的

人民在不幸的土地上）。我彷彿從雲端墜落，深感痛苦。

我在哈佛讀了兩年，拿到碩士學位，沒打算繼續攻讀博士，就準備早些返鄉，報效國家。之前，我專心在哈佛求學，對美國了解不多。所以返國前，我花了一年時間「周遊列國」，尤其是到各個知名大學走走，增廣見聞。美國是當時世界上的一流國家，英國已淪為二流國家。一個國家的國力與其經濟、文化的發展是一致的，因此英國的主流經濟學仍屬於 Classical School，而美國的主流經濟學已按 1936 年凱恩斯所倡導的新理論（根據其著作《一般理論》）而加以發揮。實際上，哈佛已成為宣揚這場所謂「凱恩斯革命」的基地。

我先走訪美國中西部（Midwest），在芝加哥住了半年，並到芝加哥大學旁聽。後來又去了西岸，大約也住了半年，特別到舊金山的柏克萊大學（University of California at Berkerly，加州大學柏克萊分校）及史丹福大學遊學。

留學美國三年後，回到上海。國共內戰已經開

打，馬歇爾（George Catlett Marshall）調停（1945 年 12 月 ~1947 年 1 月）失敗，美國發表白皮書，（注 6）不久中華民國政府失去大陸江山，播遷台灣（1949 年 12 月）。1950 年我亦隨後渡海來台，從此走上教學報國之道。

二、教學生涯

經濟學有「比較利益法則」（law of comparative advantage），我讀書不行，但教書卻是我的 comparative advantage。到了台灣後，首先我向國立台灣大學申請教職，但該校已無缺額。其次，我去台灣省立行政專科學校（1949 年 8 月成立，即省立法商學院、國立中興大學、國立台北大學的前身）。學校剛成立不久，連校舍都付之闕如，只好借用成功中學及台北工專（當時為台灣省立台北工業專科學校，今為國立台北科技大學）的教室。我擔任兼任教授，只教一門課，鐘點費不夠溫飽。接著，我又在淡江英語專科學校（1950 年成立，即今私立淡江大學的前身），兼任一門英文

課。當時淡江英專也沒有校舍，而向私立淡水中學借用。

　　此外，中國國民黨中央改造委員會秘書長張其昀先生有一天突然派人來找我。我是無黨無派的，然而他是國立中央大學的前身國立東南大學（由國立南京高等師範學校改制）史地系的學長、師長。尤有進者，在哈佛大學讀書時，我們都住同一棟宿舍，而且是隔壁鄰居，兩人共用一間 Private restroom。我住 room19，經過他的 room18 時，看見門上掛著 Chi-yun Chang 的名牌，才知他也在此。張其昀先生在哈佛大學做研究時，已經具有國立浙江大學教授的身分，當時是應美國國務院之邀，擔任訪問學人。我們經常碰面，都很用功讀書，也都喜歡看《紐約時報》。戰時美國管制物資，包括紙張在內，所以遲一點就買不到了。在周末，張先生有時會拜託我早起替他買一份報。當時 Sunday papers 要價 1 quarter（25 cents），Weekday papers 只要價 5 cents。如此我們慢慢建立起親切的關係。

　　有一天張其昀先生派人送 *Capitalism Socialism and*

Democracy（熊彼德的名著）這本書給我，請我撰寫約一萬字的要義，發表在他所辦的刊物《新思潮》上。稿費每千字五十元，非常優渥。一萬字的稿酬五百元，大約等於當時一般大學專任教授一個月的薪水。我在學校兼一門課，鐘點費大約二十元。

此前，有位朋友也將我引介給台灣肥料公司，當時的國營事業，規模最大的是台糖，其次是台電、中油。台肥想翻譯一套管理叢書，請我幫忙翻譯 Essentials of Manufacturing。我完成了，總共十幾萬字。稿費每千字四十元，報酬亦屬優渥。當時正值韓戰期間聯軍收復平康（朝鮮半島中部的江原進北方），我就取「康平」為筆名，希望未來能夠康健、和平。從此以後，翻譯稿約接續不斷。

不久，我獲聘為行政專科的專任教授，稍後還兼財政主任（1951 年）。教職穩定，生活無虞。隔年（1952 年），台灣大學聘我為經濟系專任教授，專任要負責兩門課，我教經濟學和經濟政策。經濟學是一年級的課，我教的是外系，由法律系和農業經濟系合班上課。那時一年級的課都在校總區上，教室在今天的

農業陳列館（洞洞館）。

　　後來我還擔任過教育部高教司司長（注 7）及台大法學院院長（1959 年 8 月~1967 年 7 月），退休後即接任名譽教授（Professor Emeritus）。名譽教授和榮譽教授（Honorary Professor）不同，名譽教授必須在該校任教多年而且成績卓著，校方才於其退休時授予，而榮譽教授則不必。在國內，名譽教授的授予制度由台大首創，名校跟進，但名稱尚不一致。

　　擔任高教司司長時，我照常在台大上課、領薪水，並沒拿教育部的錢，但教育部配給我一輛三輪車。

　　在台大任教期間，我重返美國教書和做研究，前前後後大約有七年之久，當過密西根州立大學（Michigan State University）等校的客座教授（visiting professor）。1979 年，我又以客座教授的身分，到美國教書。那一年，中美斷交。

　　最後，在威斯康辛大學勒考斯分校（University of Wisconsin, Lacrosse）已先教了兩年，校方又堅持留我教第三年，所以我提前自台大退休，以符合校外兼職不得超過兩年的規定。閻振興校長（第六任，1970 年 6

月~1981 年 7 月）一直勸我不要退休。但我當過院長，
熟悉規定，知法必須守法，還是堅持辦退。當時退休
可以領月退休金或是領一次退休金，我們大家都選擇
一次退，理由很簡單，對國家前途沒信心。我領取包
含公保養老的一次退休金共一百萬元，並折換成兩萬
五千美金，匯率是 40：1。其它就什麼都沒有了。

我從未在台灣置產，原來在台大分配到很大的宿
舍，嗣後改建成公寓時，原住戶都可認購其中一戶，
許多同仁都因此而有了自己的房子。等到我的宿舍要
改建時，校方已改變這項辦法，不再出售給同仁。當
時的理由是，如照原來的辦法繼續推行下去，學校將
不再有可供日後所聘客座教授短期居住的宿舍了。
當時的校長是孫震（第八任，1984 年 8 月~1993 年 2
月），他和我同一年進台大，他是學生，我是老師。孫
震還特別為此事向我致歉，希望我能諒解，我當然無
異議。

自美返台後，張其昀先生請我到他創辦的私立中
國文化大學擔任教授，並兼任過經濟學系主任、經濟
學研究所所長及法學院院長。從文化退休後，先後在

中華經濟研究院及台灣經濟研究院擔任研究顧問，都是榮譽制，但我每天去上班、做研究，繼續讀書、寫作。

以最近七年來講，每年我都出版一本約十萬字的小書，討論經濟學史上重要人物的思想，每一冊都以「偉大經濟學家」為名，如第一冊是《偉大經濟學家熊彼德》，以後陸續出書分別論及凱恩斯、海耶克、費利曼、亞當‧斯密、李嘉圖等五人，最近正在闡述薩繆森。

別人都說：「窮教授」，但我一輩子沒窮過。從1950 年來台灣後，六十多年來都是如此。因為我容易滿足，物質需求不高，在學校或中華經濟研究院餐廳吃六十元的客飯就打發一餐了。

三、人生回顧

我很滿意這六十多年的教學和研究生活，同學和同事也對我的教學和研究很滿意。我的《經濟學原理》（1955 年初版），迄今已經 12 版了，每一版的內容我都

增訂重寫過，不是重印而已。

回顧我這一生親自見證了兩件世界歷史大事：其一，The Rise and Fall of Communism。我在 1917 年出生，那年發生俄國革命；1989 年蘇聯東歐共產集團開始解體，如今我還健在。我年輕時也仰慕過馬克思（Karl Heinrich Marx），嚮往共產主義的理想。我一直想去莫斯科旅遊，但始終未能成行。2001 年我終於從美國前往俄國莫斯科，抵達翌日就先去「紅場」（Red Square）觀光。由於我常在書刊、電影、新聞紀錄片中見識紅場，所以對之一見如故，相當熟悉。現在真的到了現場，看了一眼後，想起這段期間發生的巨大變化，真是景物依舊而人事全非，令我不勝感慨！當時我曾問導遊小姐，在十月革命（October Revolution）以前有沒有這個紅場？她說：「這是早已存在的。」我接著又問：「那麼為何這座廣場要稱為紅場呢？」她說：「紅字在俄文是表示美麗的意思。」這時我再巡視紅場一眼，紅場的確是美麗非凡！這使我增添一智。我一直認為紅場是共產黨執政後的名稱。

其二，中國的興起。百年來中國人所渴望的富

強，我親眼看見它實現了，今後沒人敢再輕視和欺侮中國人。1979 年美國和中華人民共和國建交時，我在美國看電視新聞報導，記者問鄧小平將來要如何發展。鄧小平回答：「中國只求在世界上取得自由平等的地位，人民能夠安居樂業，如此而已，別無所求。」我看了十分感動，如果沒有鄧小平，中國繼續走毛澤東路線，今天的局面將會大不相同。中國得天獨厚，文化源遠流長，任何人都無法輕視她、欺侮她、拋棄她。我以身為中國人為榮！我是統派，不待言，我自然也愛台灣。

注 1：　此文原刊載於《國史研究通訊》第一期，2011 年 12 月，pp.152~159，由國史館協修許瑞浩採訪撰稿。收錄於本書時，由施建生教授做部分內容修改。

注 2：　京杭國道由南京到杭州，中間在吳興、長興、宜興、溧陽、句容等處設站。

注3： 津浦線現已成為京滬鐵路其中一段。京滬鐵路由京山鐵路（北京—山海關）的北京到天津段、津浦鐵路（天津—浦口）及滬寧鐵路（下關—上海）所組成。津浦鐵路和滬寧鐵路最初為長江所隔，必須在北岸的浦口站（今南京北站）或南岸的下關站（今南京西站）先下車，換乘渡輪到彼岸後，再換列車。1968 年南京長江大橋建成，全線接通，統稱「京滬鐵路」，總長約 1,450 公里。

注4： 國立北平大學、國立北平師範大學及國立北洋工學院，於 1937 年西遷至陝西，合組國立西安臨時大學，1938 年改稱國立西北聯合大學，1939 年 8 月再易名國立西北大學。

注5： 1949 年 8 月，國立中央大學改名「國立南京大學」；1950 年 10 月去「國立」二字，逕稱「南京大學」，並沿用至今。

注6： 「中美關係白皮書」（United States Relations with China: With Special Reference to the Period 1944~1949，簡稱 The China White Paper），或稱「對華關係白皮書」，在總統杜魯門（Harry S. Truman，第 33 任）及國務卿艾奇遜（Dean Gooderham Acheson，第 51 任）的主導下，美國

國務院於 1949 年 8 月發表對中國問題立場的政治文件，長達 1,054 頁。白皮書提及：「中華民國在國共內戰中失敗，與美國無關，而是政府自己的領導問題，國民黨應負起全部責任。」白皮書發表後，美國雖不承認中共，但停止對中華民國政府的軍事援助，嚴重打擊其士氣。

注 7：　施建生教授於 1957 年 5 月至 1958 年 7 月擔任教育部高等教育司司長，當時的教育部長正是張其昀（1954 年 5 月~1958 年 7 月），事實上是由其堅邀，施建生教授才勉強出任的。

熊彼德智慧深邃、
歷久彌新。

認識二十世紀最受推崇的經濟學家，
了解二十一世紀經濟學的主流思潮。

偉大經濟學家熊彼德

施建生　著

■定價 300 元　■書號 CB310

　　熊彼德（Joseph Alois Schumpeter, 1883-1950）是二十世紀最受推崇的經濟學家，他在經濟學史上的卓越地位與亞當斯密、馬夏爾、凱恩斯等同列。熊彼德的理論是經濟學上的重要遺產，他首先提出「創新」學說，不但是知識經濟的先驅者，其思想更是二十一世紀的主流思潮，到今天仍默默地支配著人心。

　　過去大家對於熊氏的生平及其經歷所知有限，近年來，討論熊氏的著作日益增加。本書是熊彼德的門生，同時也是國內重量級的經濟學者施建生教授，遍覽熊氏的舊著，以及相關資料，深入淺出地敘說熊彼德的一生及其思想，並詳細解析其生平所有重要著作。想瞭解熊彼德其人其事，及他所提出的重要經濟理論，本書將是您的最佳選擇。

經濟學愛因斯坦的不朽一生

凱恩斯經濟學派
是近百年來資本主義的顯學，
也是全球各國財政部長採用最多的主張。

偉大經濟學家凱恩斯

施建生 著

■定價 300 元　■書號 CB336

　　被譽為「經濟學界的愛因斯坦」、「資本主義的救星」、「戰後繁榮之父」，凱恩斯（John Maynard Keynes,1883-1946）不僅是經濟學理論上的天才，更是大膽的實踐者。

　　他勇於打破舊的思想束縛，率先提出國家干預經濟的主張，對整個總體經濟學貢獻極大；他對戰後財政、貨幣和社會保障的影響，讓英國贏得財政上的獨立，並得以應付長達六年的世界大戰；他率領英國代表團出席了具有歷史意義的布列頓森林（Bretton Woods）世界經濟會議，推動國際貨幣基金組織和世界銀行的成立，使戰後的世界金融體系因此建立。

　　且讓國內重量級經濟學者施建生教授，引領你認識天才經濟學家凱恩斯不朽的一生。

一道肩負社會
使命的經濟清流

在極權主義與社會主義蔚為風行的時代，
唯有海耶克與奧國經濟學派的同伴力抗潮流。

偉大經濟學家海耶克

施建生　著

■定價 300 元　■書號 CB363

　　作為奧國學派的代表性人物，海耶克極力反對政府的干預，《到奴役之路》一書，被認為是二次世界大戰之後，許多國家免於投入社會主義陣營的一項重要因素。

　　海耶克的著作影響層面很廣，舉凡經濟、政治、哲學、社會學等領域，都是他研究的主題。但海耶克的一生，可說大半輩子都在孤寂中度過，直到獲頒諾貝爾經濟學獎，奧國學派的理論終獲國際社會重視，並在過去幾十年各國政府遭遇嚴重的經濟問題時，適時地提供了一個不同於凱恩斯學派的解決方案。就如他自己曾說過，「只要我深信自己所做的工作終會被重視，就算一時沒有得到公眾的認同，我還是會繼續做下去。」

20 世紀最重要的
經濟學泰斗

他，勇於挑戰凱恩斯主義，
奠定了芝加哥經濟學派，
培育多位諾貝爾經濟學獎得主，
他是當代經濟學大師──費利曼。

偉大經濟學家費利曼

施建生 著

■定價 300 元　■書號 CB404

　　堪稱二十世紀最重要的經濟學泰斗費利曼（Milton Friedman），以研究經濟學、經濟史、統計學，以及力倡「減少政府干預」與「鼓吹自由經濟」兩大主張名聞遐邇。費利曼是貨幣數量重述的主要提倡者。1953 年提出「實證經濟學的方法」奠定芝加哥經濟學派的形成與發展基礎。1963 年發表影響深遠的《美國貨幣史》，成為挑戰凱恩斯主義的代表作巨著。於 1976 年獲諾貝爾經濟學獎。

　　本書承襲作者一貫的寫作風格與嚴謹態度，從費利曼的家庭背景、學養歷程，到經濟學範域的卓越成就一一敘述，完整呈現當代經濟學大師費利曼舉足輕重的一生。

現代經濟學之父
的珍貴遺產

「一隻看不見的手」是歷史中偉大、也是
最有影響力的思想之一。

偉大經濟學家亞當‧斯密

施建生　著

■定價 300 元　■書號 CB427

　　亞當‧斯密，十八世紀英國啟蒙運 時代的傑出經濟學家與哲學家，被尊為「現代經濟學鼻祖」、「現代經濟學之父」。他所著的《國富論》，是第一本試圖闡述歐洲產業和商業發展歷史的著作，發展出現代的經濟學學科，也提供了現代自由貿易、資本主義和自由意志主義的理論基礎。

　　在西方世界，《國富論》可以說是經濟學所發行過最具影響力的著作，被經濟學家認定為「古典經濟學」的開端，更是每個經濟學者專業必讀的書籍。

　　國內重量級經濟學者施建生教授，將在本書中引領讀者認識這位蘇格蘭哲學家兼經濟學家豐富珍貴的學術遺產，領略他學術貢獻璀璨的一生。

經濟科學的締造者

27 歲的李嘉圖方接觸了《國富論》，
開啟他的政治經濟學研究，
完成許多輝煌貢獻，
使經濟學真正成為一門科學。

偉大經濟學家李嘉圖

施建生　著

■定價 300 元　■書號 CB447

　　未受過完整正規教育的大衛・李嘉圖（David Ricardo，1772-1823），27歲時閱讀了亞當・斯密的《國富論》之後，開始研究經濟問題，之後僅憑自學與稟賦，在經濟學上完成許多輝煌的貢獻。

　　他的「李嘉圖體系」成為政治經濟學的同義詞；他的地租理論，奠定邊際生產力分配理論的基礎，被視為現代邊際分析的先驅；他的《政治經濟學與賦稅》形成一股政治經濟學的「新學派」（New School）。凱恩斯形容：「李嘉圖已征服了整個英格蘭，就像羅馬天主教的宗教法庭征服了西班牙一樣。」

　　本書由國內重量級經濟學者施建生教授撰寫，為您道來這位天才經濟科學締造者傳奇的一生、不凡的思想以及他留給世人的經濟遺產。

國家圖書館出版品預行編目資料

偉大經濟學家薩繆森／施建生著. -- 第一
　　版. -- 臺北市：天下遠見, 2013.01
　　　　面；　公分. --（財經企管；CB495）

ISBN 978-986-320-099-4（平裝）

1. 薩繆森（Samuelson, Paul A.(Paul Anthony), 1915-2009）
2. 經濟學家　3. 經濟思想

550.189　　　　　　　　　　　　　　101025178

閱讀天下文化，傳播進步觀念。

- 書店通路 ── 歡迎至各大書店 · 網路書店選購天下文化叢書。

- 團體訂購 ── 企業機關、學校團體訂購書籍，另享優惠或特製版本服務。
  請洽讀者服務專線 02-2662-0012 或 02-2517-3688＊904 由專人為您服務。

- 讀家官網 ── 天下文化書坊
  天下文化書坊網站，提供最新出版書籍介紹、作者訪談、講堂活動、書摘簡報及精彩影音
  剪輯等，最即時、最完整的書籍資訊服務。
  www.bookzone.com.tw

- 閱讀社群 ── 天下遠見讀書俱樂部
  全國首創最大 VIP 閱讀社群，由主編為您精選推薦書籍，可參加新書導讀及多元演講活
  動，並提供優先選領書籍特殊版或作者簽名版服務。
  RS.bookzone.com.tw

- 專屬書店 ──「93巷 · 人文空間」
  文人匯聚的新地標，在商業大樓林立中，獨樹一格空間，提供閱讀、餐飲、課程講座、
  場地出租等服務。
  地址：台北市松江路93巷2號1樓　電話：02-2509-5085
  CAFE.bookzone.com.tw

財經企管 495

偉大經濟學家薩繆森

作　　者／施建生
責任編輯／林君冠
封面設計／吳慧妮（特約）

出版者／天下遠見出版股份有限公司
創辦人／高希均、王力行
遠見・天下文化・事業群　董事長／高希均
事業群發行人／CEO／王力行
出版事業部總編輯／許耀雲
版權部經理／張紫蘭
法律顧問／理律法律事務所陳長文律師　著作權顧問／魏啟翔律師
社　　址／台北市104松江路93巷1號2樓
讀者服務專線／（02）2662-0012
傳　　真／（02）2662-0007；2662-0009
電子信箱／cwpc@cwgv.com.tw
直接郵撥帳號／1326703-6號　　天下遠見出版股份有限公司

電腦排版／立全電腦印前排版有限公司
製版廠／立全電腦印前排版有限公司
印刷廠／祥峰印刷事業有限公司
裝訂廠／明輝裝訂有限公司
登記證／局版台業字第2517號
總經銷／大和書報圖書股份有限公司　電話／(02) 8990-2588
出版日期／2013年1月20日第一版第1次印行

定價／330元

ISBN：978-986-320-099-4
書號：CB495

 天下文化書坊　http://www.bookzone.com.tw

相信閱讀

Believing in Reading